회계
생각

퇴계와 호남 선비들의 만남과 교유

퇴계 생각

이상하 지음

글항아리

차례

책머리에 _007

1장 | 퇴계의 삶을 따라가며

1. 퇴계라는 사람 _012
2. 학문과 관직 사이에서 _019
3. 풍성한 집필과 충만한 교유 _025
4. 자득自得의 자는 독자獨自인가 자연自然인가 _032
5. 호남 유림은 어떤 사람들인가 _037

2장 | 퇴계와 호남 선비들

1. 도학·절의·문장 겸비한 최고의 벗 _042
 – 하서 김인후
2. 나를 아는 자가 드물면 내가 귀하다 _060
 – 호걸 선비 금호당 임형수
3. 퇴계의 답장 대신 부고를 들어야 했던 노시인 _081
 – 면앙정 송순
4. 호리병 속에 은거한 시인 _095
 – 석천 임억령
5. 퇴계와 깊은 교분을 나눈 풍영정 주인 _113
 – 칠계 김언거

6. 존경하는 학자에게 대를 이어 정성을 다하다 _127
　　- 행당 윤복과 그의 세 아들
7. 스승의 가르침을 가장 잘 실천한 제자들 _131
　　- 풍암 문위세와 죽천 박광전
8. 강직하고 고집스러웠던 만년 제자 _139
　　- 천산재 이함형
9. 이황에게 대제학 자리를 양보하다 _147
　　- 사암 박순
10. 지음의 제자 _155
　　- 고봉 기대승

3장 | 퇴계·고봉의 논쟁과 몇 가지 오해

1. 사칠논변의 의의 _182
2. 사칠논변의 시말 _186
3. 이황과 기대승의 논리 _197
4. 이제 그 사상사적 의의를 돌아보니 _210

주 | _217
참고문헌 | _220

책머리에

현란하게 변화하는 세상에 적응하며 빠르게 움직이는 현대인들이 보면 조선 선비들의 삶은 담담한 물처럼 싱겁게 느껴지리라. 조선 선비뿐 아니라 한문 고전 속에서 이상적인 군자의 삶은 언제나 물처럼 담담한 것이었다.

    한문 고전을 읽어본 사람들에게 어느 책이 좋더냐고 물으면,『논어論語』가 좋았다고 대답하는 사람이 가장 많다. 유교의 경서經書 중에서 가장 담담한『논어』가 왜 읽을수록 가슴에 와닿고 좋아질까. 그 까닭을 곰곰이 생각해보았다. 사람이 살아가는 데 꼭 필요한 것이 담담한 물과 밥이듯이 사람에게 정작 필요한 진리가 어렵고 복잡할 리는 없으리라. 그런데 우리는 소위 학자들이 쏟아내는 현란한 담론에 익숙해져서 학문이라면 으레 심오한 그 무엇이 있어야 한다고 생각하여, 자기 문제와 거리가 먼 공허한 곳을 멍하니 바라보고 있다가『논어』속의 평담平淡한 삶과 진리를 보고 문득 제정신을 차리곤 하는 것이 아닐까. 그리고『논어』에서 공자의 지극한 인간애를 느끼면서 성인이란 어떤 초월적 존재가 아니라 참으로 사람다운 사람임을 확인함으로써 삶의 진실을 자각하고 공연히 분주하던 마음을 쉬게 되는 것이 아닐까.

퇴계는 인문학자다. 우리나라 학자로는 거의 최초로 방대한 『주자대전』을 읽고 연구하여 조선에 본격적인 주자학의 시대를 연 대학자다. 퇴계의 저술에는 심오한 학설이 많다. 그렇지만 퇴계가 퇴계인 까닭이 그의 학문에만 있지 않다. 퇴계의 시문詩文에는 그의 순수한 인품에서 우러나는 깊은 인간애가 곳곳에서 풍겨난다.

옛말에 "군자의 만남은 담담하기가 물과 같다"고 했다. 물맛은 담담하지만 아무리 오래가도 싫증이 안 난다. 퇴계는 서울에서 벼슬하면서 많은 호남 친구를 사귀었고 그 우정 또한 각별했다. 우리 사회에서 망국亡國의 병이라 할 지역감정 따위는 추호도 찾아볼 수 없다. 이 책은 퇴계가 호남의 친구들과 만나 참된 우정을 나누고 진지한 담론을 펼친 얘기들을 담담하게 묶어놓은 것이다.

오늘날 인문학은 사람들에게 삶의 좌표를 보여주지 못한 채 공허한 몸짓으로 허둥대고 있다. 오늘의 인문학이 옛날과 같을 수는 없으며 꼭 같아서 안 될 것이다. 그렇지만 사람들이 알아듣지 못할 한갓 현묘한 담론을 펼치거나 독자의 기호에 지레 영합하여 아무 말이나 쉽게 늘어놓는 작금의 인문학은 사람을 감동시킬 수 없다. 인문학이란 무엇인가. 막연한 물음이지만, 쉽게 생각하면 사람의 학문, 사람에 대한 학문이 아니겠는가. 사람은 무엇이며 사람은 어떻게 살아가야 하는가를 보여주는 것이 인문학이 할 일일진대, 인문학의 의의意義를 학설과 담론에서만 찾아서는 안 될 것이다. 참된 인문학은 인문학자 그 자신으로부터 체화體化되어 나와야 한다는 것을 퇴계와 호남 선비들의 삶과 우정에서 볼 수 있었다. 오늘날 인문학이 위기를 맞은 것은 인문학자들이 인간의 아름다운 삶을 보여주지 못한 데 가장 큰 이유가 있다. 이 점이 우리가 퇴계와 그 친구들을 배워야 하는 까닭이다.

끝으로 여러모로 부족한 사람에게 원고를 위촉해준 한국국학진흥원, 부족한 원고를 교정하고 멋진 책으로 꾸며주신 글항아리 여러분께 지면을 빌려 감사드린다.

2013년 9월

이상하

1장

퇴계의 삶을
따라가며

1. 퇴계라는 사람 | 2. 학문과 관직 사이에서 | 3. 풍성한 집필과 충만한 교유 | 4. 자득自得의 자는 독자獨自인가 자연自然인가 | 5. 호남 유림은 어떤 사람들인가

퇴계라는 사람

조선 학계에 주자학을 본격적으로 연 대학자로서, 영남학파의 종사宗師로서 퇴계 이황(1501~1570)의 위상에 대해서는 더 이상 자세한 설명이 필요치 않다. 이황의 학문은 이미 조선을 넘어서 중국과 일본에까지 널리 알려졌다. 오늘날에 와서는 1960년부터 이황에 대한 연구가 숱하게 쌓여왔다. 이황의 가계와 생애 역시 우리 귀에 익숙한 터라 간략히 이야기하는 데 그치기로 한다.

조선의 양반 사대부 가문들이 대체로 그러했듯, 이황의 선대조 역시 고려 말기의 향리 계층이었다. 6대조인 이석李碩은 경상도 진보현眞寶縣의 아전을 지냈고, 5대조인 이자수李子脩는 과거에 급제하고 이후 홍건적을 격퇴한 공로로 안사공신安社功臣의 호를 받고 송안군松安君에 봉해졌으니, 이때에 비로소 이황 가문의 사회·경제적 기반이 마련된다. 이자수는 왜구를 피해 안동부 풍산현으로 이주했고, 뒤에 고조인 이운후李云侯와 증조인 이정李禎을 거쳐 그의 셋째 아들인 이계양李繼陽 때에 이르러 온계溫溪로 정착해 진성 이씨眞城李氏의 입향조가 되었다.

이렇듯 여말선초를 지나면서 이황의 가문은 향촌에서 사회·경제적 기반을 굳힐 수 있었고, 15세기 중반에 이르러 숙부 송재松齋 이우李堣와 형 이해李瀣가 이황과 함께 관직에 진출하면서 서서히 명문가의 반열에 들어섰다.

    이황의 아버지 이식李埴은 두 번 장가들어 6남1녀를 두었는데, 이황은 막내로 태어났다. 아버지 이식은 이황이 두 살 되던 해 40세의 나이로 별세하여 숙부인 이우가 이황의 교육을 맡았다. 이황이 직접 쓴 이우의 묘갈명을 보면 그는 1498년(연산군 4)에 급제하여 1508년(중종 3) 호조참판으로 관직을 그만둘 때까지 10년을 벼슬길에 나아가면서 무오사화와 갑자사화를 겪었으며, 성품이 온후하고 독실했으며 아비 없는 자신들을 친자식처럼 대해주었다고 한다. 그러한 숙부의 인품과 중앙 관직에서 겪은 두 차례의 사화는 이황에게도 커다란 영향을 주었으리라 짐작할 수 있다.

    이황의 생애는 대체로 수학기·출사기·은퇴기(강학기)의 세 시기로 나눌 수 있다. 수학기에서 눈여겨볼 점은 당시 사림들이 가학에 근본을 두면서도 스승을 두었던 것과 달리 그는 숙부에게 배운 것을 제외하고는 뚜렷한 사승관계가 없었다는 점이다. 14세 때에 중국의 시인으로서 은일隱逸한 멋을 풍기는 도연명의 시를 좋아했다는 기록이 있고, 18세 때에 이미 성리학적 사유가 보이는 시를 남겼다. 그 시는 「유춘영야당遊春詠野塘」으로, 봄날 들을 거닐다가 맑은 지당을 보고 읊은 것이다.

이슬 젖은 풀은 곱게 물가를 둘렀고	露草夭夭繞水涯
작은 못물 맑고 싱싱하여 모래조차 없어라	小塘淸活淨無沙
구름 날고 새 지나는 건 원래 있는 일	雲飛鳥過元相管
때때로 제비가 물결 찰까 그게 걱정일세	只怕時時燕蹴波

『퇴계집』 권1

'구름 날고 새 지나는 건 원래 있는 일'이라 하여 맑은 연못에 구름과 새의 모습이 비치는 것을 당연한 일로 받아들이고 있다. 이 시에서는 마음을 맑게 유지하는 경敬의 상태를 지키되 인욕人欲에 의해 마음이 순간적으로 어지러워지는 것을 경계하고 있다. 이때에 이미 경敬을 통한 성리학 마음공부의 요체를 터득하고 있었다고 볼 수 있다.

이황은 우주와 인간에 대해 깊이 사색하고 문학적 감수성이 풍부했을 것으로 짐작된다. 즉 소년기의 이황을 생각하면 도학자로서의 면모가 먼저 떠오르지만 그의 문학적 감수성 또한 놓칠 수 없다.

27세(1527, 중종 22) 때 경상좌도 향시에 응시하여 진사 장원, 생원 2등으로 합격했으며, 32세에 문과 별시 초시에 합격했다. 이듬해 성균관에 유학했는데, 이때 하서河西 김인후金麟厚를 처음 만나 교유를 시작한다. 당시는 기묘사화의 여파가 있던 터라 선비들은 성리학 공부를 은

「향시 시권」, 이황, 75×27.3cm, 1527, 경북대박물관. 퇴계가 27세 때 치른 향시 답안지다. 당시 이황은 진사시 1등과 생원시 2등을 차지했다. 퇴계는 이듬해에 서울에서 치른 회시(2차 시험)에 합격하여 진사가 되었다.

父成均進士埈
祖贈嘉善大夫兵曹參判兼同知義禁府事成均進士
曾祖贈通政大夫兵曹參議行中直大夫善山都護府
外祖修義副尉龍驤衛司正朴緇 本春川

연중 경계했고, 시를 짓고 술을 즐기는 경향이 짙었다. 그래서 누가 진지하게 학문을 탐구하면 오히려 손가락질하며 비웃었다. 이러한 선비들의 분위기 속에서도 이황은 자신을 검속하고 학문을 연마하며 주변 사람들을 의식하지 않았는데, 다만 호남 선비인 김인후 한 사람만이 그와 뜻을 같이하여 사귀면서 학문을 강마講磨했다고 한다.

그해 가을 성균관에서 고향으로 돌아갔는데, 이때 충재沖齋 권벌權橃과 모재慕齋 김안국金安國을 방문했다. 당시 김안국은 기묘사화 때 파직되어 경기도 이천에서 후학들을 가르치고 있었는데, 이황은 그를 만난 것에 대하여 만년에 '비로소 정인군자正人君子의 말씀을 듣게 되었다'고 술회했다.

34세(1534, 중종 29)에 문과에 급제했고, 이로부터 관직생활을 시작해 승문원 권지부정자에 임명되었다. 이 시기에 세도가인 김안로金安老가 동향 사람인 이황을 보살펴주겠다는 뜻으로 불렀으나 권간權奸에게 아부할 수 없다고 생각한 이황은 찾아가지 않았다. 이 일 때문에 김안로의 미움을 받아서 체직되었다.

그 뒤 은퇴를 확고하게 마음먹은 49세까지 15년간 대체로 순탄한 관직생활을 했다. 이 기간 그가 거쳐간 관직은 다음과 같다. 36세에 성균관 전적을 거쳐 호조좌랑이 되었고 이듬해에 모친상을 당해 귀향했다. 2년 뒤인 39세에는 홍문관 수찬, 승문원 검교, 경연 입시관 등을 지냈고 40세에는 사간원 정언 등을 지냈다. 이 시기에 호남의 명유名儒인 면앙정俛仰亭 송순宋純과 석천石川 임억령林億齡도 홍문관 및 삼사三司의 관직을 맡고 있었다. 이즈음에 이황과 이들 사이의 만남이 이뤄졌을 것으로 보이는데, 송순과 임억령은 눌재訥齋 박상朴祥의 문하에서 동문수학한 사이이자 호남 유림의 시단을 이끄는 사람들이었으니, 이들을 통해 이황은 호남 유림과 교유의 폭을 넓힐 수 있었을 것이다.

41세(1541, 중종 36)에는 사가독서賜暇讀書를 받아 독서당讀書堂에 들어갔다. 이때 독서당에 함께 뽑혀 들어간 인물로는 김인후와 전라도 나주 사람인 금호당錦湖堂 임형수林亨秀가 있다. 임형수는 비교적 어린 나이인 22세에 문과에 급제해 26세에 이미 검토관으로 경연에 입시하고, 문무文武를 겸비한 인재로 뽑혀 회령판관에 임명될 정도로 조정에서 촉망받는 인재였다. 총명하면서도 호방하고 강직한 성격의 그는 이황보다 열세 살 어렸지만 이황은 막역한 벗으로 사귀었다. 임형수 또한 솔직하고 거침없는 성격으로 남을 잘 인정하지 않았으나 이황만큼은 존경하고 따랐다고 한다.

48세(1548, 명종 3)에는 외직으로 나가 단양군수와 풍기군수를 역임했다. 이 시기에는 전라도 광주 사람인 칠계漆溪 김언거金彦琚와의 교유가 있었다. 이 둘은 이전에 이미 사귀었는데, 김언거가 상주목사로, 이황이 풍기군수로 옮겨가면서 가까운 곳에서 다시 오가며 만남을 이어갈 수 있었던 것이다.

학문과 관직 사이에서

이황의 생애에서 두 번째 시기라 할 수 있는 출사기를 되짚어본다면, 본직으로 홍문관에서 30개월, 겸직으로 승문원에서 31개월, 경연에서 24개월, 춘추관에서 21개월을 지냈으니, 청요직을 두루 거쳤다. 대체로 평탄한 관직생활을 했던 이황이 49세에 풍기군수를 역임하던 중 세 차례의 사직 상소를 올리고 청을 들어주지 않자 돌연 임소를 떠나 고향으로 내려간 이유는 무엇일까?

첫째, 45세 때에 일어난 을사사화와 이어서 일어난 정미사화로 무고하게 죽어간 동료와 형 이해의 죽음[1]이 커다란 영향을 끼쳤을 것이다. 대윤大尹과 소윤小尹의 권력투쟁으로 말미암아 일어난 두 차례의 사화는 결국 사림에게 크나큰 상처를 입혔다. 수많은 사림이 죽임을 당하거나 유배에 처해졌는데, 그중 그의 형 이해는 유배지에서 죽었고, 그와 교류가 있던 사람 가운데 송인수宋麟壽·임형수 등은 죽임을 당했으며, 권벌權橃·이언적李彦迪·노수신盧守愼·유희춘柳希春 등은 유배를 갔다.

둘째, 학문을 향한 열망이 강렬했기 때문이었을 것이다. 이황이 『주자대전』을 처음 읽은 것은 43세 때다. 주자학의 나라로 불리던 조선이었건만, 의외로 『주자대전』 완질은 1523년(중종 18) 교서관에서 처음

「독서당계회도」, 작자미상, 비단에 엷은색, 102.0×57.5cm, 보물 제867호, 서울대박물관. 독서당을 포함한 산수의 풍경이 그려져 있다. 이황 역시 이곳에서 사가독서를 했다.

공간公刊되었고, 그로부터 20년 뒤인 1543년에 이황이 처음 그 책을 입수했다. 그전에도 『심경心經』 『근사록近思錄』 『성리대전性理大全』 등 성리학 저술들이 간혹 일부 학자에게 읽히곤 했지만 주자의 저술을 모아놓은 『주자대전』을 우리나라에서 본격적으로 읽고 연구한 사람은 이황이 처음이다. 이황은 43세 때에 전설사수로 이직되어 『주자대전』의 교정을 건의했고, 그 일을 맡음으로써 『주자대전』을 입수할 수 있었다. 이때부터 병으로 인한 사직이 잦은 것을 보면, 아마도 『주자대전』 연구에 대한 열망이 더욱 강렬해졌을 것으로 보인다. 이황은 『주자대전』을 읽고 연구한 지 13년 만인 56세 때 『주자서절요』의 편집을 완성했다. 이황은 이 책을 편집한 목적이 노년에 보기 좋도록 중요한 내용을 절록節錄한 것이라고 했지만 이 책에는 실로 주자 학문의 정수가 고스란히 담겨 있다. 『주자서절요』가 간행되자 학계에서 큰 호응이 일어났다. 젊은 학자들이 속속 이 책을 통해 주자학에 입문했으니, 조선에서 주자학의 시대가 열린 것은 거의 이 책에서 비롯되었다. 편저이긴 하나 조선 학자의 저술로 이황의 『주자서절요』만큼 학계에 영향을 크게 미친 책이 있을까? 이황 자신이 좀처럼 읽히지 않으리라 예상했던 재미없는 책 『주자서절요』는 조선에서만 총 여덟 차례나 활자와 목판으로 간행되었고, 일본에서도 네 차례 목판본으로 간행되었다. 실로 사서삼경에 버금가는 권위와 영광을 누린 것이다.

    퇴계는 50세(1550, 명종 5)에 고향으로 내려가 은거한 뒤에도 죽기 한 해 전인 69세까지 끊임없이 임명과 사직을 반복했다. 특히 53세 때

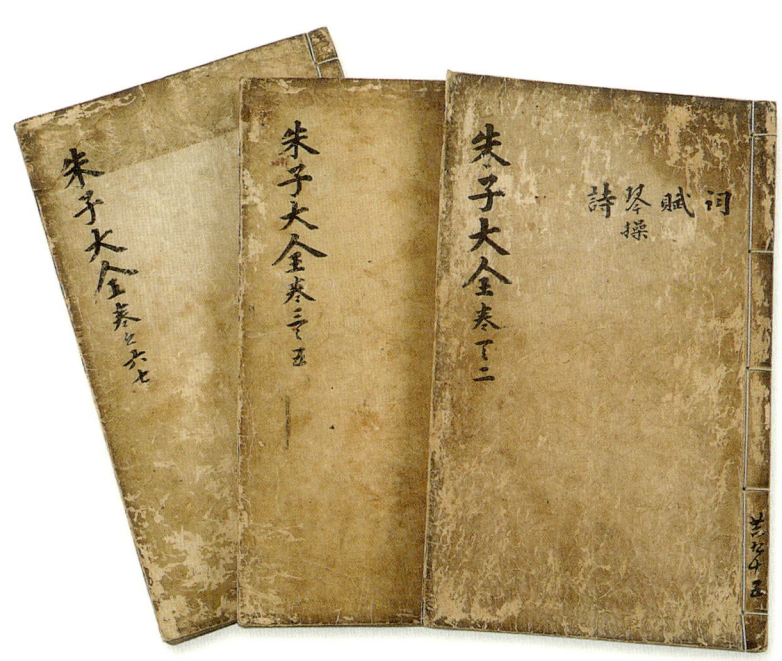

『주자대전』, 22.0×34.5cm, 17세기, 유교문화박물관.

성균관 대사성에 올라 비교적 긴 시간인 3년 동안 형조참의와 병조참의를 지냈는데, 55세 2월에 세 번의 사직소를 올린 끝에 해직되어 다시 귀향했다. 그 뒤로는 잠깐 관직을 역임하고 사직해 귀향하기를 되풀이하다가, 58세에는 대사성을 맡아 상경했다. 이 시기 이황의 학문은 큰 진전이 있었고, 많은 학자가 찾아왔는데, 이때 바로 고봉高峯 기대승奇大升을 만났다. 기대승은 32세에 문과에 급제해 서울로 올라와 이황을 배알하게 되는데, 이로부터 12년에 걸친 두 사람의 긴밀한 교유가 시

用藥石應物而施爐錘或抑或揚道守或救或激而隨
之或平而警之心術隱微之間無不容其纖惡義理
寬家之際獨芝照於毫芒差視模廣大心法嚴密戰兢
臨履無時或息懲窒遷改如恐不及剛健篤實輝光
日新其於其心勉而循而已者無間於人己故其告
人也殆孔人感發而興起焉不獨於當時及門之士為然
雖百世之下聞其者無不悚然面命也嗚呼
至矣願其帳浩穰未嘗究竟魚以哉者子之間或不
免有遺矢其之愚需不自揆就來其左録於尊閒亦
於受用于表而出之不拘篇章惟務括要乃屬諸友之
善出者及予姪筆分寫訖凡以十四卷為七冊善視其
本出不懺乎始三之二僭妄之罪無不逃焉雖於壽巳
宋李士集呂記魯齋王先生心其不善伟子出來訂

晦菴書節要序

晦菴朱夫子挺亞聖之資承河洛之統道巍而名彰
業廣而功崇其發揮經傳之旨以幸敎天下後世者既皆
質諸鬼神而無憾百世以俟聖人而不惑夫子沒後二王氏
及余氏裒粹夫子平日所著詩文之類爲一書名之曰朱子
大全總若干卷而其中所自以爲大夫門人知舊往還書札
多至四十八卷然此書之行於東方絶無而僅有故士之
得見者蓋寡嘉靖癸卯中宗大王命書館印出
頒行臣某於是始知有是書而求得之猶未知其爲何等
也日病罷官載歸溪上得日閉門靜居而讀之自是漸覺
其言之有味其爲敎亦無所不在而於其人材稟之高下學問之淺深義
其全出而札之如地負海涵雖名不一而未之難其爲
至於出而札則參以其人

작되었다. 뒤에서 다루겠지만, 이 둘의 아름다운 사귐에 대해서는 여헌旅軒 장현광張顯光이 쓴 『고봉집』 서문을 빌려 보도록 하자.

> 현재 일선 부사一善府使인 사문 조찬한趙纘韓은 공[기대승]의 외손인데, 공의 행적을 매우 상세하게 말하면서 공이 퇴계 선생과 왕복한 서첩을 나에게 보여주었다. 내가 그 긴 서찰을 보니, 질문하고 토론할 때에 각기 그 소견을 다하여 반드시 모두 올바른 데로 귀결시키려 했으니, 문사들이 붓을 놀려 언변이나 구사하고 글재주나 자랑하는 것과는 매우 달랐다. 퇴계는 항상 겸손한 자세로 맑고 굳은 절개로 자신을 지켰고, 고봉은 빼어난 기상으로 직절하고 특출한 의리로 자신을 면려勉勵했으니, 두 분의 기상이 같지 않은 듯하다. 그런데도 오직 독실히 믿어 의심하지 않고 서로 좋아하여 싫증내지 않는 뜻은 갈수록 더욱 친밀하고 더욱 정성스러웠다. 그리하여 때로는 누르고 때로는 추켜주었으며, 권면한 때도 있고 경계한 때도 있었다. 짧은 편지에서도 서로 권면한 것들이 모두 서로 붙들어주고 채찍질하며 절차탁마한 내용이었다. 그러므로 비단 공이 퇴계 선생에게 질정을 받았을 뿐만 아니라 퇴계께서도 공에게 도움을 받은 것이 많았으니, 그 탁마하여 성취한 것이 깊다 하겠다.
>
> 『고봉집』 「고봉집서高峯集序」

풍성한 집필과 충만한 교유

이후 이황은 고향에 은거하면서 저술과 강학으로 여생을 보낸다. 이 시기인 은퇴기의 저술과 편저를 살펴보면, 53세에는 「천명도설후서天命圖說後敍」를 썼는데, 추만秋巒 정지운鄭之雲의 천명도를 고치면서 쓴 것으로, 이 글이 기대승과의 사단四端·칠정七情 논변의 계기가 되었다. 54세에는 「연평문답발延平問答跋」과 「여노수신논숙흥야매잠주해서與盧守愼論夙興夜寐箴註解書」, 55세에는 「청량산유람제시淸凉山遊覽諸詩」, 56세에는 「주자서절요朱子書節要」, 57세에는 「계몽전의啓蒙傳疑」, 58세에는 「자성록서自省錄序」, 59세에는 「송계원명이학통록宋季元明理學通錄」의 저술에 착수했다. 60세에는 기고봉과 사단칠정논변四端七情論辨을 시작했으며, 61세에는 「도산잡영병기陶山雜詠並記」를, 64세에는 「청량산유산제시淸凉山遊山諸詩」를, 그해 9월에는 「심무체용변心無體用辨」과 「조정암행장趙靜菴行狀」을 지었다. 66세에는 「회재선생행장晦齋先生行狀」과 「양명전습록변陽明傳習錄辨」을 지었으며, 68세에는 「육조소六條疏」와 「성학십도병차자聖學十圖並箚子」를 어린 선조께 올렸고, 세상을 떠나던 해인 70세에는 「사서석의四書釋義」를 완성했다. 이황의 주요 저술들이 모두 이 시기에 이루어졌음을 알 수 있다.

한편 65세(1565, 명종 20) 때 이황은 고향인 예안에 거주하고 있었는데, 전라도 해남 사람인 행당杏堂 윤복尹復이 마침 안동대도호부사로 부임하여 그를 찾아왔다. 윤복이 예물을 가지고 이황을 찾아뵘으로

判中樞府事臣李滉謹再拜
上言。臣竊伏以道無形象。天無言語。自河洛圖書之出。聖人因作卦爻而道始見
於天下矣。然而道之浩浩。何處下手。古訓千萬。何所從入。聖學有大端。心法有
至要。揭之以為圖。指之以為說。以示人入道之門。積德之基。斯亦後賢之所不
得已而作也。而況人主一心。萬幾所由。百責所萃。衆欲互攻。羣邪迭鑽。一有怠
忽而放縱繼之。則如山之崩。如海之蕩。誰得而禦之。古之聖帝明王。有憂於此。
是以兢兢業業。小心畏愼。日復一日。猶以為未也。立師傅之官。列諫諍之職。前
有疑。後有丞。左有輔。右有弼。在輿有旅賁之規。位宁有官師之典。倚几有訓誦
之諫。居寢有瞽御之箴。臨事有瞽史之道。宴居有工師之誦。以至盤盂几杖刀
劍戶牖。凡目之所寓。身之所處。無不有銘有戒。其所以維持此心。防範此身者。
若是其至矣。故德日新而業日廣。無纖過而有鴻號矣。後世人主。受天命而履
天位。其責任之至重至大為如何。而所以自治之具。一無如此之嚴也。則其憪
然自聖。傲然自肆於王公之上。億兆之戴。終歸於壞亂殄滅。亦何足怪哉。故於
斯之時。為人臣而欲引君當道者。固無所不用其心焉。若張九齡之進金鑑錄。
宋璟之陳無逸圖。李德裕之獻丹扆六箴。真德秀之上豳風七月圖之類。其愛
君憂國拳拳之深。陳善納誨懇懇之至意。人君可不深念而敬服也哉。臣以
至愚極陋。辜
恩累朝。病廢田里。期與草木同腐。不意虛名誤

써 두 사람의 교유가 싹텄고, 이듬해에는 윤복이 자신의 세 아들 강중剛中·흠중欽中·단중端中과 외조카인 문위세文緯世를 이황에게 보내 수학하게 했으며, 전라도 보성 사람인 박광전朴光前과 그의 처남인 문위세가 함께 이황의 문하에 와서 학문을 배웠다. 이 당시 도산서당 강회 모습을 상상케 하는 일화 하나를 소개한다.

지금은 안동댐으로 수국水國이 되고 말았지만 옛날에는 낙동강가를 따라 고즈넉한 길이 나 있었다. 도산서당에서 이황을 스승으로 모시고 막 강회를 마친 월천月川 조목趙穆은 강가를 걸어 집으로 돌아오다가 저물녘 숲으로 날아가는 새를 보며 홀로 생각한다. 저 새가 제 보금자리 찾아 숲으로 날 줄 스스로 아는 것처럼 오늘 강회에서 토론하던 글의 뜻은 나만이 홀로 안다고. 그리고 집에 돌아가서 그는 자신의 심정을 담은 편지와 시를 스승에게 부쳐 보냈고, 이에 이황은 다음과 같은 편지로 답했다.

> 지난번 시편과 『심경心經』 등을 보내주었으니, 보답해야 할 것이 많았네. 그러나 그날은 사람을 접대하느라 초초히 답장을 썼고 그 후로도 줄곧 차일피일 미루다가 보답하지 못한 채 지금에 이르고 말았으니, 태만한 죄 몹시 부끄럽네.
> 공의 시를 찬찬히 보니 근자에 시상詩想이 부쩍 좋아졌기에 기뻤네. 다만

퇴계가 68세 때 선조께 『성학십도』를 올리며 설명하는 차문箚文.

屋外聽者無數屋㕍寫字于大成及君詎至搃這講授底我而成次而寫次不意沒騰以南上身至歸子或來及年春号懸未遍筭計也然君將進大成雯看圖及亭巷昏云故長譏雯文而米新屋一郭子上乃少閒筭雯赤乃而記

戊至念王

士敬 奉再
月川靜坐案下 退陶謹封

向日
學履日如何 渴々之懷老杜門為保
甚而里之趣 無意豪俚々人不以士志
子之芝愛 人此等子無淂 善愛只有
暗嘿以待 吾年作芳計耳 僕卜

『사문수간』, 유교문화박물관. 퇴계와 조목이 숱하게 주고받았던 편지 가운데 하나다.

그중에 자랑하고 뻐기고 자만하는 태도가 없지 않고 겸허하고 수렴하고 온후溫厚한 뜻이 적으니, 이와 같은 자세를 고치지 않으면 덕업德業을 닦는 실제 학문 공부에 끝내 방해될 수 있을 걸세. 그중 첫째 수에,

돌아오는 십 리 강촌 길에　　　　　　　　　歸來十里江村路
보금자리 찾는 새가 숲으로 나는 것을 스스로 알 뿐 宿鳥趨林只自知

이라고 했는데, 이 한 구절이 바로 공이 남이 미처 알지 못한 곳을 초연히 홀로 알았다고 스스로 말한 것일 테지. 시인의 흥취로 말한다면 이 구절은 매우 잘되었다고 할 만하지만 학문의 의사意思로 본다면 바로 병통이 되는 곳이 이 구절에 있지 않을까 생각되네. 어째서인가? 지나치게 성급하게 판단했기 때문일세.

예로부터 이 학문에 뜻을 둔 사람이 많았네. 사람의 마음은 본래 신령하고 밝으니, 진실로 성현의 책을 읽는 데 뜻을 두었다면 처음 책을 읽을 때 어찌 한두 가지나마 어렴풋이 이치를 아는 것이 없겠는가. 이에 이 사람의 마음이 대뜸 스스로 만족하여 "나는 이미 알았고 세상 사람들은 모두 모른다" 하고서는 자신을 높여서 천하의 제일류에 올려놓고 더 이상 남의 좋은 점을 배울 줄 모르며, 심지어는 당시 세상 사람들에 대해서만 그러할 뿐 아니라 옛날의 훌륭한 학자들도 모두 자기 발밑에 두어 기필코 자신을 더 낫다고 여긴 뒤에야 만족하는 사람이 세상에 온통 가득하네. 이것이 명도明道 선생께서 이르신 "경솔히 자부自負하다가 끝내 소득

이 없다"는 것일세.

『퇴계집』 권22

조목은 이황과 같은 고을인 경상도 예안현 월천리月川里에서 태어나 그곳에서 평생을 살면서 이황을 가까이 모셨다. 도산서원에서 낙동강을 따라 10리 남짓 내려가면 다래마을로 불리는 월천리에 이른다. 다래는 곧 월천의 우리말인 달내의 연음이다.

율곡 이이의 『석담일기石潭日記』에 "공은 나면서부터 남다른 자질이 있어 다섯 살에 『대학大學』을 구두로 배우고, 열두 살에 경서를 모두 배웠다"고 했을 만큼 조목은 재주가 뛰어났고, 게다가 매우 꼬장꼬장한 성품의 소유자였다고 알려져 있다.

조목이 이 시를 쓴 때는 을축년(1565) 겨울이었다. 그 전문은 다음과 같다.

물 북쪽 산 남쪽에서 스승님을 뵙고	水北山南謁大師
한방에 벗들이 모여 천 갈래 의심 분석했지	群朋一室析千疑
돌아오는 십 리 강촌 길에	歸來十里江村路
보금자리 찾는 새가 숲으로 나는 것을 스스로 알 뿐	宿鳥趨林只自知

자득自得의 자는 독자獨自인가 자연自然인가

당시 도산서당 강석에서 조목은 김명일金明一, 김성일金誠一 형제 및 우성전禹性傳 등과 함께 스승을 모시고 『심경』『대학장구大學章句』에 대해 토론했는데 서로 의견이 일치하지 못했다. 당시 이황은 65세, 조목은 42세였다. 제자들 중 나이가 가장 많고 자부심이 강했던 조목이 토론 중에 자신의 견해를 강하게 주장했던 듯하다. 그래서 자신의 견해가 옳았다는 생각을 끝내 접지 못하고 은근히 시에 담아서 이황에게 보냈던 것이다.

조목이 비유로 쓴 보금자리 찾아 숲으로 날아가는 새는 귀숙歸宿 또는 귀숙처를 비유한 것으로, 뜻의 귀결점 또는 주지主旨를 의미한다. 즉 자신이 필경의 뜻, 귀결처를 알았음을 빗댄 것이다.

이 시를 받아보고 이황도 차운시次韻詩로 화답했다.

학문 끊어진 오늘날 스승이 어찌 있으랴	學絕今人豈有師
마음 비우고 이치 보면 의심이 풀리는 법이지	虛心看理庶明疑
숲으로 나는 새에게 멀리서 이르노니	因風寄謝趨林鳥
스스로만 알 때 억지로 알지 말게나	只自知時莫強知

겸허하기 이를 데 없는 이황의 인품이 잘 드러난다. 이황은 자신을 스승으로 내세우지 않는 겸양을 보이고, 마음을 비우고 이치를 보아

의심이 저절로 풀려야 참으로 이치를 바로 아는 것이라고 했다. 그리고 조목을 숲으로 나는 새에 비기고, 스스로만 알 때 억지로 알지 말라고 했다. 도산서당 강회에서 이황이 조목의 견해에 수긍하지 않았음을 알 수 있다.

학자들은 대개 자득自得을 좋아하고 중시한다. 자득은 스스로 터득한다는 뜻인데, 성리학을 집대성한 주희는 자득의 자는 독자獨自의 자가 아니라 자연自然의 자인데 학자들은 독자의 자로 알기 때문에 굳이 자기주장을 내세우려 한다고 했다. 즉 자득이란 사색하여 그 이치가 저절로 드러나는 것이지 홀로만 아는 것이 아니라는 이야기다. 그렇지만 책을 읽고 이치를 사색하다보면 이치가 미처 마음에 와닿기 전에 자기 생각으로 지레짐작하여 우격다짐으로 알아버린다. 이렇게 아는 것이 필경 자기에게 무슨 도움이 될지를 생각할 겨를이 없다. 총명한 사람일수록 이런 우를 범하기 더 쉽다.

사람들이 거리에서 저마다 각양각색의 복장으로 개성을 뽐내듯이 세상은 다양화되고 빠르게 변해간다. 그래서인지 인문학에 몸담고 있는 학자들도 늘 '독자獨自'의 그 무엇을 찾아야 한다고 스스로를 강박하곤 한다. 심지어 고전을 해석할 때에도 굳이 색다른 견해를 내놓고 싶어한다. 그러나 곰곰이 생각해보자. 이치는 천하의 공물公物이지 나 혼자만의 것이 아닌데 굳이 나 혼자 안다고 주장할 필요가 있을까? 필경 그렇게 할 까닭이 무엇인가? 이치가 공물인 줄 알지 못하면 헐떡이는 마음을 쉬지 못해, 참으로 이치를 안다는 것이 무엇인지 끝내 알지 못

「도산서원도」, 이징, 30.0×130.0cm, 17세기, 계명대 중앙도서관.

하고 말지도 모른다. 이황은 조목에게 바로 이 점을 경계하고자 했던 것인데, 이는 인문학을 하는 학자들의 공통된 병통을 지적한 것이리라. 자신을 진지하게 돌아보지 않고 세상에만 관심이 쏠린 오늘날 인문학자들이 귀 기울여 들어야 할 가르침이 아닐 수 없다.

60대 중반을 넘어서까지 상경과 귀향을 되풀이하던 이황은 노병老病을 이유로 누차 사임하여 1569년 3월에야 69세의 나이로 우찬성을

퇴계 묘소.

벗었으며, 기대승, 박순朴淳, 이담李湛 등 많은 선비의 전송을 받고 도산으로 돌아왔다. 그리고 한 해 뒤 도산에서 세상을 떠났으니, 그의 나이 70세, 1570년 12월 8일의 일이었다. 1569년 3월 도산서당에 돌아와서 그 이듬해 12월에 세상을 떠났으니, 꿈에도 그리던 도산서원에서 안돈한 지 채 2년이 못 되었다. 이황이 세상을 떠나자 임금인 선조는 3일간 정무를 보지 않음으로써 애도했다. 이황은 사후에 영의정에 추증되고 문순文純의 시호를 받고 문묘에 배향되었으며, 지금까지도 조선 최고의 학자로 존경받고 있다.

호남 유림은 어떤 사람들인가

이황의 생애는 이 정도에서 그치고, 당시 호남 유림儒林에 대해 대강의 줄기를 살펴보자. 1980년대까지 학계에서 '호남 유림'이란 용어는 다소 생소한 것이었다. 대체로 사상사에서 호남 유림은 영남 사림士林과 대비되어 기호畿湖 사림의 범주 안으로 묶였기 때문이다. 그렇게 분류했던 것은 전라도 지역 유림들이 대개 율곡 이이 계열의 서인으로 흡수되면서 결국 독자적인 성격과 세력을 잃어버렸기 때문이다. 그러나 1990년대 이후 호남 유림의 독자적 성격이나 세력을 인정해야 한다는 연구가 일어나면서 그 특유의 성질이 드러나게 되었다.[2] 이러한 연구들을 필두로 2000년대에 들어서면서 호남 유림에 대한 개별적·학파적인 연구가 활발해졌다.

호남 유림의 독자적인 세력은 호남 지방을 중심으로 중종대부터 성장하기 시작했다. 기존 연구를 참고해 호남 유림을 몇 개 계열로 나누어보면, 크게 김굉필金宏弼 계열, 최보崔溥 계열, 송흠宋欽 계열, 박상朴祥 계열, 이항李恒 계열, 김안국金安國 계열 등 여섯 계열로 나누어볼 수 있다. 김굉필 계열에는 최산두崔山斗·유계린柳桂隣·윤신尹信·김인후·유성춘柳成春·유희춘柳希春 등을, 최보 계열에는 윤효정尹孝貞·임우리林遇利·유계린·윤구尹衢·윤항尹巷·윤행尹行·윤복尹復 등을, 송흠 계열로는 양팽손梁彭孫·나세찬羅世纘·송순宋純·안처성安處誠 등을, 박상 계열로는 송순·임억령·정만종鄭萬鍾·박순 등을, 이항 계열로는 김천일金千鎰·기효간奇孝諫·김재민金齋閔 등을, 김안국 계열로는 김인후·유희춘 등을 들 수 있다.³ 김굉필과 최보, 송흠 계열에 중복이 있는 것은 이들이 연배가 비슷했고 교류도 활발했기 때문이다. 김굉필과 최보는 모두 김종직 문하에서 수학했으며, 송흠은 또 최보와 아주 돈독한 사이였다.

초기 호남 유림의 형성에 큰 영향을 준 인물은 역시 김굉필이었다. 그는 1498년(연산군 4) 무오사화에 연루되어 1500년에 전라도 순천에 이배된 후 1504년 갑자사화로 사사되기까지 5년 동안 순천에 기거했는데, 이 기간에 많은 제자가 찾아와 자신의 학문을 호남에 뿌리내리게 할 수 있었다. 그의 제자 중 최산두는 김인후에게 김굉필의 학문을 전해주었고, 유계린은 김굉필의 학문과 사상을 그의 아들인 유성춘과 유희춘에게 전해주면서, 이 두 사람은 16세기 호남 유림의 형성에 중요한 교두보 역할을 했다. 호남 유림의 형성에 김종직으로부터 도학을 전수받은 김굉필의 영향력이 컸다면, 이들과 교류하면서 또 다른 영향을 미친 인물은 바로 이황이라고 할 수 있다. 이황은 젊은 시절부터 김안국과 김인후에게 많은 존경과 흠모를 드러냈기에 이들과 비슷한 연고지 출신들에게도 자연스럽게 호감을 가졌을 것이고, 절의 정신이 강하면서 시화에 능했던 호남 유림에게는 온후한 기상을 지녔으면서도 시를 좋아한 이황이 정서적으로도 잘 맞았으리라 짐작된다.

이황은 관직생활 중에 호남 유림들을 만나 그들과 편지를 나누고 시를 전하며 교유했다. 이러한 관계 속에서 영남과 호남 유림은 서로 접촉하고, 또 서로에게 영향을 미치면서 조선의 학계 또는 문화계가 기운차게 일어나 번성하는 데 큰 보탬이 되었을 것이다.

다음 장에서는 이황이 가졌던 호남 유림과의 사귐을 인물별로 살펴볼 것이다. 대략 나누어보자면, 김인후·임형수·송순·임억령·김언거 등은 이황과 벗으로서 교유한 인물들이고, 윤복의 세 아들과 문위세·박광전·이함형은 이황의 문하에 출입한 제자들이며, 기대승과 박순은 직접 책을 펴고 배운 급문제자及門弟子는 아니지만 이황을 스승의 예로 모신 인물들이다. 특히 기대승과의 학문 토론은 별도로 한 장을 두어 그 내용과 의의를 짚어볼 것이다.

2장
퇴계와 호남 선비들

1. 도학·절의·문장 겸비한 최고의 벗 | 2. 나를 아는 자가 드물면 내가 귀하다 | 3. 퇴계의 답장 대신 부고를 들어야 했던 노시인 | 4. 호리병 속에 은거한 시인 | 5. 퇴계와 깊은 교분을 나눈 풍영정 주인 | 6. 존경하는 학자에게 대를 이어 정성을 다하다 | 7. 스승의 가르침을 가장 잘 실천한 제자들 | 8. 강직하고 고집스러웠던 만년 제자 | 9. 이황에게 대제학 자리를 양보하다 | 10. 지음의 제자

|1| 도학·절의·문장 겸비한 최고의 벗
- 하서 김인후

김인후는 본관이 울산, 자는 후지厚之, 호는 하서河西 또는 담재湛齋다. 1510년(중종 5) 전라도 장성에서 태어났다. 어릴 적부터 용모가 단정하고 영민해서 지역 인사들로부터 기대를 모았는데, 9세 때에는 복재服齋 기준奇遵이 "그대는 필시 세자世子(인종)의 신하가 될 것이다"라고 하여 큰 촉망을 받았다. 10세 때 호남 관찰사로 부임한 모재慕齋 김안국金安國에게 『소학』을 배웠는데, 이때 눌재 박상을 만나 많은 감화를 받았다. 박상이 김인후를 보고는 "예로부터 신동은 제대로 생을 마친 사람이 없었는데, 오직 이 사람만은 생을 잘 마칠 수 있을 것이다"라고 했다고 한다. 천재는 대개 성격이 조급하고 불안정한 면을 보이기 쉬운데, 김인후는 어릴 때부터 품성이 단정하고 침착했던 듯하다.

　　김인후는 김안국, 면앙정 송순, 신재新齋 최산두崔山斗 등 고향 장성과 주변 향촌의 학자들을 찾아가 도학과 문학의 풍도를 익히며 충실한 수학기를 보낸다. 이후 그는 19세(1528, 중종 23)에 상경해 성균관 칠석제七夕製에서 장원을 차지했으며, 22세에 사마시에 합격했다. 조부의

「장성부지도」, 105.0×60.0cm, 1872, 규장각한국학연구원. 하서가 태어난 전라도 장성의 19세기 지도.

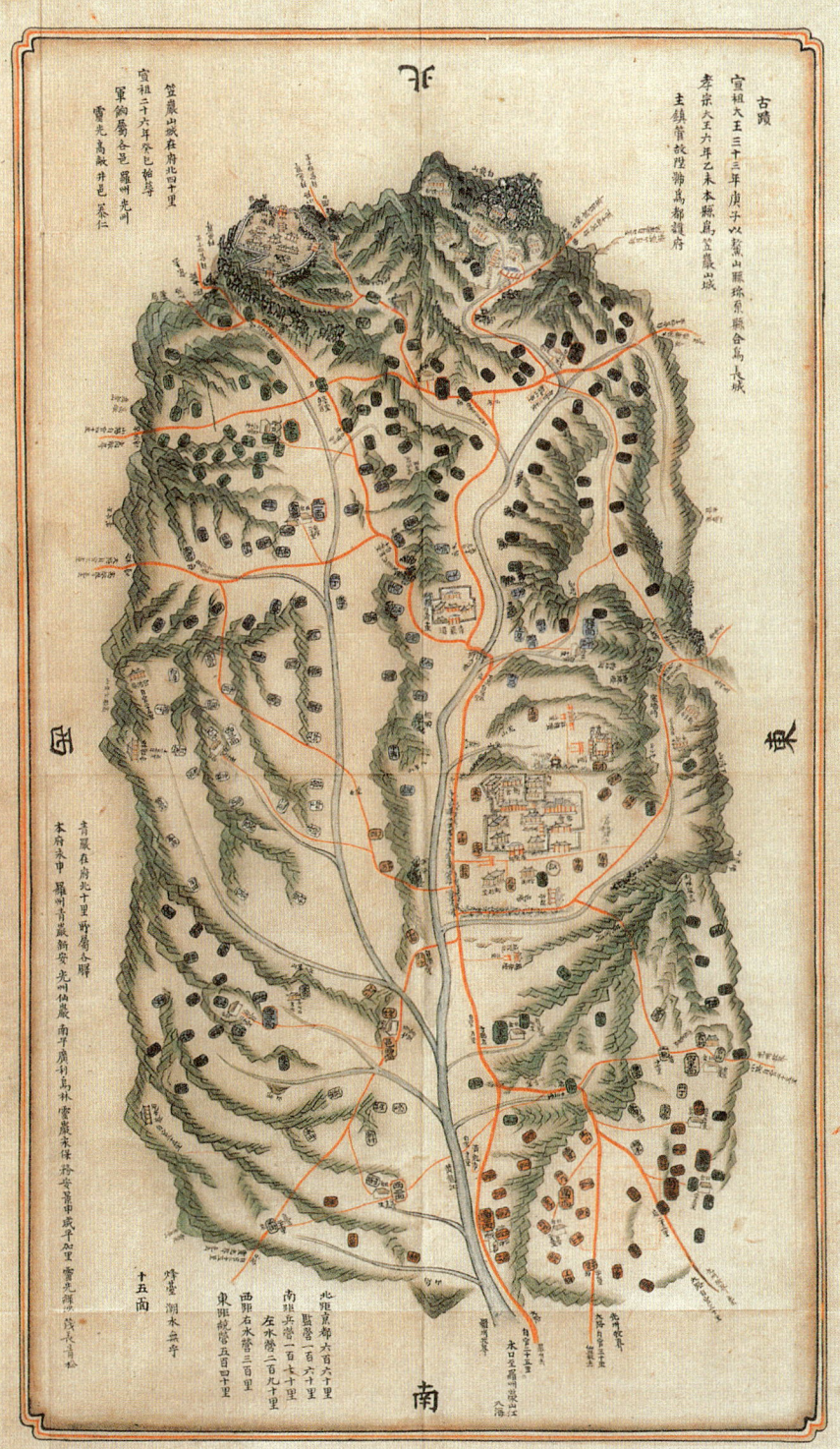

상을 치른 뒤 24세(1533)에 성균관에 출입하는데, 이때 이황과 처음 만난다.

당시 이황은 김인후보다 아홉 살 많은 서른세 살의 나이였고, 그 전해에 문과 초시에 합격해 성균관에 유학하게 된 것이었다. 두 현자의 만남을 각각의 문집에서는 다음과 같이 전하고 있다.

> 선생[이황]께서 일찍이 성균관에 유학하셨는데, 이때 기묘사화(1519, 중종 14)를 막 겪은지라 사람들이 모두 학문을 기피하여 희학戲謔하는 것으로 날을 보낼 뿐이었다. 오직 선생만이 스스로 검속하여 한결같이 법도에 따라 행동하시니 보는 자들이 서로 손가락질하며 비웃었다. 선생과 교유한 사람은 오직 하서 김인후 한 사람뿐이었다.
>
> 『퇴계언행록』「학문」

> 가정嘉靖 신묘년(1531) 사마시에 합격하여 성균관에 유학하셨는데, 이때 사화를 겪은 지 얼마 되지 않았던지라 사습士習이 경박했다. 선생[김인후]께서는 오직 퇴계 이 선생과 서로 뜻이 맞아 왕래하며 끊임없이 강마하셨다.
>
> 『하서전집』 부록 권1 「행장」

이황과 김인후가 성균관에 들어갔을 때까지도 유생들 사이에는 기묘사화의 영향이 남아 있던 터였다. 유생들에게는 성리학, 즉 도학道

學을 한다는 지목을 받게 될까봐 꺼리는 풍조가 만연해 있었다. 이황과 동갑인 남명南冥 조식曺植이 기대승과 사단칠정에 대해 논변하는 이황에게 편지를 보내 세상 사람들에게 지목을 받을 일을 하지 말라고 경계했던 것에서 당시의 정황을 그려볼 수 있다. 당대의 기색이 이러했음에도 이황과 김인후는 시류에 말려들지 않고 서로를 의지하며 학문을 강론하고 연마했다. 세상의 흐름을 거슬러가는 길을 함께한 동지였으니, 두 사람의 교유가 심상한 것이 아니었음은 쉬 짐작할 수 있다.

이황은 이듬해(1534) 문과에 급제하여 관직생활을 시작했고, 김인후는 1540년 문과에 급제하여 환로에 나아갔다. 그리고 바로 그다음 해, 이들은 다시 독서당의 선비로 만나게 된다. 독서당은 젊은 문관 중에서 재주가 뛰어난 사람을 뽑아 휴가를 주어 학업에 전념하도록 한 제도이자 관서官署였다. 독서당에 선발되는 것은 임금의 총애와 조정의 기대를 의미하는 것이었기에 그것만으로도 매우 영광스러운 일이었지만 이황과 김인후처럼 학문에 뜻을 둔 이에게는 더욱 의미 있는 일이 아닐 수 없었다. 게다가 성균관에서부터 뜻이 맞았던 벗과 함께할 수 있었으니 그들의 반가움과 기쁨이 어떠했겠는가.『퇴계집』에는 독서당에 있던 시절을 그리워하는 이황의 시가 간간이 보인다. 아래는 1555년(명종 10) 이황이 김인후에게 보낸 시다. 당시 김인후는 벼슬을 그만두고 고향에 내려가 은거한 지 이미 여러 해가 지난 뒤였다.

김후지厚之(김인후의 자)가 부쳐온 시를 보고서 차운하여 다시 부치다

동관의 구름 자취 흩어진 지 몇 년인가 　　東觀雲蹤散幾年
천 리 밖에서 생각하며 늘 그리워한다오 　　相思千里每依然
지금의 세상일이 사람 몹시 괴롭히니 　　　 只今世事勞人甚
더딘 걸음으로 떠난 그대 신선인 양 부럽구려 　羨子行遲更覺仙
후지가 다리 병을 앓고 있으므로 장난삼아 말한 것이다.

厚之患脚痺, 因以爲戲.

『퇴계집』 권2

　　동관東觀은 본래 중국 한漢나라 비서감秘書監의 별칭인데, 여기서는 독서당을 가리키는 말로 쓰였다. 독서당에서 서로 함께하던 시간은 이제 까마득한 옛날이지만 멀리 떨어져 있는 지금에도 서로를 그리워함이 변함없다고 하니 그들의 교분은 세월의 흐름과 거리의 막힘에도 엷어지지 않았나보다. 더딘 걸음으로 떠났다는 것은 김인후가 다리 병을 앓고 있었기 때문에 이렇게 말한 것이지만, 공자가 조국인 노나라를 떠날 때 "더디고 더디다 내 걸음이여遲遲吾行也"라고 한 데서 온 말로 도성을 떠나 낙향하는 모습을 형용한 것이다.
　　사실 이황과 김인후 두 사람이 같은 공간에 있었던 시간은 길지 않았다. 김인후의 출사 기간이 워낙 짧았기 때문이다. 그는 문과에 급제한 1540년 관직생활을 시작해 홍문관 정자, 박사, 부수찬 및 세자시

강원 설서 등을 역임했다. 그러다가 1543년 부모의 봉양을 위하여 외직을 청해 옥과현감이 되었는데, 이때 이황이 준 전별시가 『퇴계집』에 실려 있다. 아래는 그 일부다.

내 옛날 그대와 성균관에서 공부할 제	我昔與子遊泮宮
한마디에 의기투합해 기뻐하며 벗이 됐지	一言道合欣相得
그대는 빈 배처럼 유유히 세상을 살고	君知處世如虛舟
나는 쓸모없는 목재, 저력처럼 무능한 몸	我信散材同樗櫟
부귀란 나에게는 뜬구름과 같은 거라	富貴於我等浮雲
우연히 얻었을 뿐 구한 것은 아니외다	偶然得之非吾求
풍운의 만남에 감격한 건 우연한 한때	風雲感激偶一時
옥당과 금마문서 당대의 명사들과 사귀었지	玉堂金馬接跡追時流
당치 않은 이내 몸에 성은 영광 넘쳤는데	恩榮合沓謬所當
어지러운 세월이 강물처럼 덧없이 흘러갔소	歲月紛綸閱江浪
(…)	
돌아가는 그대 보낼 제	送君歸
내 머리를 긁적이면서	搔我首
그댈 위해 박박주가 불러주노니	爲君歌薄薄酒
생각나면 부디 편지를 부쳐주오	相思莫惜寄玉音
천금의 빗자루 같은 나의 시를 드립니다	我詩聊贈千金帚

『퇴계집』 권1

한마디 말에 의기투합하여 이황과 김인후 두 사람은 친한 벗이 되었다. 이황은 종종 자신을 재목으로 쓸 수 없는 나무인 '저력樗櫟(가죽나무와 상수리나무)'에 비유하여 이런 자신이 중요한 자리를 차지하고 있는 것이 부끄럽다고 술회하는데, 김인후와 함께한 시간을 회상하면서 다시 그런 겸사를 하고 있다. 이런 부끄러운 자신에 비하여 김인후는 허주虛舟, 즉 '빈 배처럼 세상에 처신하고 있다'고 했다. '빈 배처럼 처신한다'는 것은 『장자』에 나오는 말로, 배를 몰고 갈 적에 사람이 탄 배가 와서 부딪치면 화를 내지만 사람이 없는 빈 배가 와서 부딪치면 전혀 화를 내지 않듯이 자신을 비우고 세상을 살아가면 아무도 그를 해치지 않는다는 것이다.

인용한 시의 나머지 부분은 이황 자신이 겪은 시간들을 서술하는 것이지만 김인후에게도 적용될 수 있는 말들이다. '풍운의 만남'이란 『주역』「건괘乾卦·문언文言」의 "구름은 용을 따르고 바람은 범을 따른다雲從龍 風從虎"에서 온 말로 훌륭한 군주와 신하의 만남을 뜻한다. 신하 입장에서는 자신을 알아주는 성군을 만나는 것을 말하니, 이황과 김인후 모두 임금과 조정의 신임을 받아 독서당에 뽑히고 옥당玉堂, 즉 홍문관弘文館에 들어갔기에 한때 풍운의 만남에 감격했다고 한 것이다. '금마문金馬門'은 중국 한나라 때 대궐인 미앙궁未央宮의 대문인 노반문魯般門의 별칭인데, 문 앞에 구리로 만든 말이 있으므로 이렇게 불렀다. 이 문은 조칙을 작성하는 일을 맡는, 문학에 뛰어난 벼슬아치들이 드나들었던 곳이다. 조선시대에는 문학에 뛰어난 인재들이 들어갔던 홍문관을 가리킨다.

그런데 서울에서 벼슬한 지 겨우 3년 만에 김인후는 부모 봉양을 위해 고향으로 돌아간다. 친한 벗 김인후를 보내는 이황은 석별의 정이 남다르지 않을 수 없었다. 그래서 그를 위해 박박주가薄薄酒歌를 불러준다. 박박주가는 본래 동파東坡 소식蘇軾의 시로 『고문진보古文眞寶』에 실려 있다. 주 내용은 묽은 술도 차보다는 낫고 거친 옷도 벗은 것보다 나으며, 조정에서 벼슬하는 것보다 한가하게 지내는 것이 낫다는 것이다. 조정을 떠나 향리로 내려가는 친구를 보내면서 한 말에서 항상 벼슬에서 물러나 학문에 침잠하길 원했던 이황의 심정이 드러나 있다.

마지막으로는 떠나는 친구에게 잊지 말고 안부 편지를 부쳐줄 것을 당부하며 이 시를 마무리하고 있다. '천금추千金帚'는 『동관한기東觀漢記』「광무제기光武帝紀」에 "집 안에 낡은 빗자루가 있는데 천금의 값어치를 여긴다家有敝帚 享之千金"고 한 데서 온 말로 다 해진 빗자루도 자신이 쓰던 것이면 천금이나 나가는 귀한 물건으로 여긴다는 뜻이다. 일반적으로 자기 글에 대한 겸사로 쓰인다. 여기서는 물론 자기 시를 가리킨다.

이렇게 이별한 지 두 해, 1545년 인종이 재위 8개월 만에 승하하자 김인후는 병을 핑계로 옥과현감마저 내놓고 귀향하여 다시는 벼슬길에 나아가지 않았다. 인종에 대한 오롯한 단충丹忠의 표시였다. 그는 임종 시에도 '옥과현감 이후에 제수받은 관직은 쓰지 말라'고 유언했다. 옥과현감이 인종 재위 시에 받은 마지막 벼슬이기 때문이다. 그의 이러한 절의는 뒤에 여러 학자로부터 칭송을 받았는데, 이로 인해 절의지사 節義之士로 명성이 높아지면서 그를 수식하는 다른 이름들이 가려지기도 했다.

우암尤庵 송시열宋時烈은 김인후의 신도비명神道碑銘에서 "우리나라 인물의 도학·절의·문장이 각기 차등이 있어, 이를 모두 겸하여 치우치지 않은 이가 거의 드문데, 하늘이 우리나라를 도우사 배출하신 하서河西 김 선생만은 예외인 것 같다"고 했다. 김인후의 시가 훌륭하다는 것은 그가 남긴 1600수가 넘는 시와 그가 나눈 시적 교유, 오늘날의 연구 등을 통해 비교적 잘 알려져 있지만 도학자로서의 그의 면모는 그에 비해 큰 주목을 받지 못하고 있는 실정이다. 이는 도학과 관련한 그의 저술이 많이 남아 있지 않다는 것에 원인이 있을 것이다. 그러나 당시 제현들의 글을 통해 그의 학문이 어떠했는지를 짐작해볼 수 있는데, 다음은 기대승과 이황이 주고받은 편지에서 김인후에 대해 언급한 것이다.

> 이곳에 하서 선생 김공金公이란 분이 장성에 사셨는데 저의 집과는 단지 오우명五牛鳴의 거리라 제가 벼슬을 그만두고 돌아와서는 이 선생께 의지하여 전에 배운 것을 강습하려 했습니다. 그런데 이 선생께서 갑자기 1월 16일에 병에 걸려 돌아가시니, 사도斯道에 이보다 더 큰 불행이 있겠습니까? 저의 불행은 더욱 심합니다. 매양 사색하다가 의심스러운 것을 여쭈어볼 곳이 없을 때면 번번이 이 선생 생각이 나는데 뵐 수가 없게 되었으니, 아무 말 없이 조용히 앉아 슬픔을 참으려 하지만 스스로 억제할 수가

「인종대왕묵죽도」, 97.5×62.3cm, 국립광주박물관. 세자 시절 인종이 김인후에게 하사한 묵죽도로, 절의를 상징하는 대나무와 영원히 변하지 않는 바위의 조화를 그렸다. 이에 김인후도 세자에게 절의를 지키겠다는 시를 적었다.

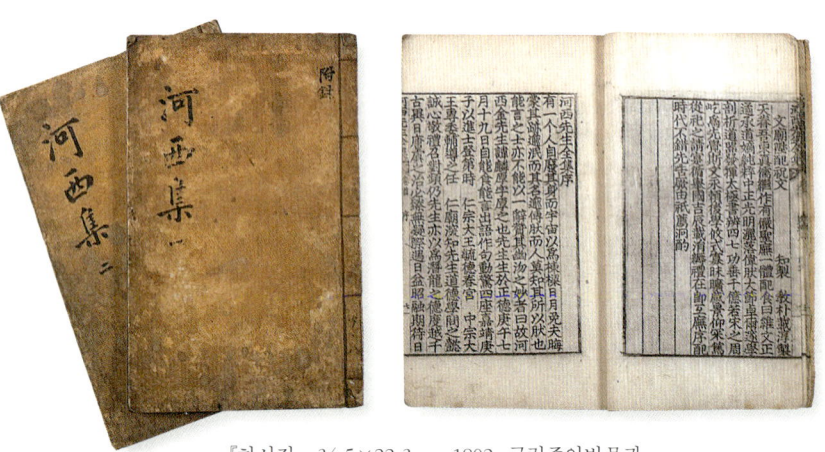

『하서집』, 34.5×22.3cm, 1802, 국립중앙박물관.

하서선생집 목판, 24.4×50.8cm, 전라남도 유형문화재 제215호, 필암서원(위).
송시열이 쓴 하서선생집 서문(아래).

없습니다. 선생께서도 이 하서 선생과 오랫동안 서로 알고 지낸 사이이니 부음을 들으시면 틀림없이 상심하고 애통해하시리라 생각됩니다.

『고봉집』「양선생왕복서兩先生往復書」권1

김하서는 성균관과 옥당에서 함께 지낸 적이 있는데, 그 사람의 몸은 세상 속에 있으면서도 마음은 세상 밖을 소요했습니다. 학문의 초입처가 대체로 노장老莊에 있었기 때문에 중년에 자못 시와 술에 빠지는 것을 보고 애석하게 여겼습니다. 그런데 듣자니 만년에 도학에 뜻을 두었다 하고, 근래에 그가 학문을 논한 글을 보았는데 식견이 매우 정밀했습니다. 그가 한거閑居하면서 터득한 것이 이와 같음을 생각하고는 매우 가상히 여겼는데, 갑자기 고인이 되었다고 하니 비통함을 이루 다 말할 수 없습니다.

『퇴계집』권16

우명牛鳴이란 소의 울음소리가 들릴 정도의 거리라는 뜻으로, 대략 5리를 우명지牛鳴地라 한다. 오우명五牛鳴은 우명지의 다섯 배가 된다는 말이니, 곧 25리쯤 되는 거리다.

『하서전집河西全集』「연보」를 보면, 김인후가 성리학에 뜻을 두고 학자들과 토론하며 자신의 의견을 피력하기 시작한 것은 47세(1556, 명종 11) 이후의 일로 여겨진다. 특히 기대승과는 태극도설, 사단칠정설을 강론했다고 하는데, 안타깝게도 이를 증명할 기록이 남아 있지 않다. 훗날 정조는 "세상에서 말하는 '기고봉의 사단칠정왕복서'는 하서

필암서원筆巖書院. 1590년(선조 23) 김인후를 추모하기 위해 세워진 서원이다. 전라남도 장성군 황룡면 필암리에 있다.

필암서원의 사액 현판. 1597년 정유재란으로 서원이 소실되자 1624년에 복원했으며, 1662년(현종 3) 지방 유림들의 청액소請額疏에 의해 '필암'이라고 사액되어 서원으로 승격되었다. 1672년 현재의 위치로 이건했다.

필암서원 내 확연루.

의 손에서 나온 것이 대부분이다"라고 했으나 이러한 말도 그 진위를 가릴 수 없다. 다만 기대승과 김인후의 긴밀했던 관계를 고려할 때, 후배인 기대승이 김인후로부터 많은 조언과 도움을 받았으리라 예상하는 것은 어렵지 않다.

『퇴계언행록』에는 "김하서는 만년에 식견이 매우 정밀하고, 의리를 논하는 것이 쉽고도 분명했기 때문에 선생(이황)께서 매우 칭찬했다"는 기록도 보인다. 성리학에 대한 김인후의 식견은 만년에 더욱 정밀해져서 이황을 비롯한 많은 학자의 인정과 칭송을 받은 것으로 보인다. 그러나 안타깝게도 그는 몇 년 뒤 51세의 나이로 세상을 떠나고 만다. 서로를 알아주던 지우知友이자 인간적, 학문적, 시적 교유를 나누던 벗을 떠나보낸 이황의 비통함은 말로 표현할 수 없는 것이었으리라. 김인후가 세상을 떠나고 6년이 지난 어느 날, 이황은 그의 시를 읽게 된다. 사무치는 그리움에 시 한 편을 써보지만 답시를 보내줄 벗은 이제 없었다.

하서의 시문을 보고

당시 하서는 마음이 퍽 맑았고	河西當日頗淸虛
만년에는 은거하여 학문이 깊었었지	晚歲功深學遂初
지금은 늙고 병든 나 혼자 남았으니	老病祇今唯我在
그가 남긴 이 글을 어이 차마 볼거나	那堪珍惜訪遺書

『퇴계집 속집』 권2

김인후의 뛰어난 인품과 학문, 정절과 문장은 당시 많은 학자의 추중推重을 받았다. 그리고 그 칭송과 존경을 더욱 공고히 한 데에는 이황뿐만 아니라 송시열, 정조와 같은 시대를 뛰어넘는 지기들의 역할도 있었다. 결국 김인후는 1796년(정조 20) 문묘에 배향된다. 그는 문묘에 배향된 유일한 호남 유림으로서, 평생지기였던 이황과 함께 오늘날까지 위패를 나란히 하고 있다.

|2| 나를 아는 자가 드물면 내가 귀하다
- 호걸 선비 금호당 임형수

임형수(1514~1547)는 본관이 평택, 자가 사수士遂, 호가 금호錦湖다. 1514년(중종 9) 전라도 나주에서 태어났다. 1535년 문과에 급제해 예문관 검열, 시강원 설서 등을 역임하고 사가독서의 영예를 누렸는데, 이황과는 같은 독서당의 선비로서 이때 교유를 시작한 듯하다. 1539년에는 양곡暘谷 소세양蘇世讓이 원접사遠接使가 되어 중국 사신을 영접할 때 그의 종사관이 되어 함께 가기도 했고, 같은 해 7월에는 회령판관에 임명되었는데, 회령은 함경도 두만강을 끼고 있는 지역으로 여진족과 접했던 변경이다. 내직에 있던 관리가 외직으로 나가는 일 자체가 꺼려지는 일이었거니와 회령은 외지고 척박한 변경이었으니 이러한 인사가 달갑지 않은 것은 당연했으리라. 그를 아끼던 소세양은 임금에게 그를 보내지 말 것을 간언했으나 끝내 받아들여지지 않았다. 이러한 인사는 사실 임형수에 대한 중종의 신임을 보여주는 것이다. 회령 지방은 연이은 기근으로 백성의 생활이 피폐해져 있었고 또 서울과의 거리가 멀어 탐오한 관리가 불법을 자행하기도 쉬웠기 때문에 더더욱 믿을 만한 사람을 파견해야 했다. 이때 중종은 임형수가 이러한 임무를 감당할 사람이라고 신임했기에 그를 보낸 것이었다.

실록은 그가 하직 인사를 하던 날의 광경을 전하는데, 그날 온 조정이 그를 전송하러 나와 거마가 길을 메웠고 "예부터 이처럼 융성한 전송은 없었다"며 서로 감탄했다고 한다. 모인 사람들은 눈물을 흘리기도 하고 혹 이틀씩이나 그의 집에 머물며 전별하기도 했으며 시를 읊어 그가 떠남을 슬퍼했다고 한다. 당시 그에게 전별시를 써준 사람은 모재 김안국, 사재思齋 김정국金正國, 양곡 소세양, 기재企齋 신광한申光漢, 인재忍齋 홍섬洪暹, 석천 임억령, 면앙정 송순, 소재蘇齋 노수신 등이었다. 당시 임형수의 나이 스물여섯 살이었으니 젊은 나이에 그가 받았던 신망과 기대가 어떠한 것이었을지 그려진다.

중종이 그에게 변방의 직책을 맡겼던 것은 그가 문관이면서도 무인의 기상을 겸하고 있었기 때문이다. 지금까지도 그는 호방한 기질과 담대한 성격의 선비로 알려져 있다. 그의 이러한 성품을 말해주는 여러 일화 또한 전하는데, 다음은 그의 강직하고 대담한 성격을 보여준다.

가정嘉靖 을미년(1535, 중종 30)에 인재 홍섬이 이조좌랑이 되었다. 허항許沆·채무택蔡無擇 등이 김안로와 결탁하여 위세를 부리고 있었다. 허항이 김안로의 아들 김기金祺를 전랑에 추천하려고 매우 힘을 썼으나 홍섬이 듣지 않았고 허항의 비위를 거스르는 말을 했다. 그리하여 허항이 모함하여 옥사를 만들고는 대궐 뜰에서 국문하며 곤장을 쳐서 홍섬은 거의 죽을 지경에 이르렀고 흥양興陽에 귀양 보내졌다. 금부 나졸이 압송하여 가다가 공주 금강錦江에 이르렀는데, 매를 맞은 상처가 매우 심하여 붉은 피가 옷에 배어 나와 사람들이 차마 보지 못했다.

出處大正至精益驗義理上做去身自許綱常之重
世皆稱博約之工霽月光風自是有道氣像精金美
玉蕪以餘事文章蔚然衆美之俱該允矣多士之
儗則惟其造詣之玅有難測知尚此表章之方未遑
克舉寔為邦典之久闕每切予心之慨嘆天意殆
有相焉偏多之曠百世之感令時若不偶爾詒緩大統
之規扶倫正俗之章固激切而有契明理覺後之訓亦
昭融而無閒竊幸知卿莫如是謂在心惟簡予志先
蕆奏翹重言復言僉議攸同非止一蹴茲以卿
　　從祀于
文廟之廡闢異端而斥偏詖政屬定民志之時從聖廡
而享春秋實為勵士風之會次瞻隣德之先正庶同
旋而無違配侑在座之聖師尚瞻仰之有所清標直
氣妥英靈於文床明薦精禋齋虔誠於洞爵於
戯莫謂當時志業之未究可使來世風聲之永垂
明善誠身詒後昆而斯範考功度德賢前聖而奚
疑故茲教示想宜知悉
嘉慶元年十月二十六日

교서, 104.0×400.0cm, 1796, 국립광주박물관. 정조가 내린 하서 김인후의 문묘종사 교서. 정조 20년 6월 25일 정조는 김인후에 대한 깊은 사모의 정을 느끼고 도학·절의·문장을 겸비하는 이는 오직 하서밖에 없다고 했다. 이내 8월 9일에는 이규남으로 하여금 상소를 읽게 한 뒤 김인후의 도학을 동방의 일인자라 칭하면서 종향從享의 뜻을 내비쳤다. 마침내 9월 17일, 정조는 성정각에서 김인후를 동방의 주염계周濂溪와 같은 인물이라면서 문묘배향을 허락했고 10월 26일에 교서를 내렸다.

이때 과거科擧가 있어 수많은 남도의 선비가 서울로 올라오고 있었는데 나룻가에서 이들과 만났다. 그중 나이가 가장 젊고 용모가 당당한 한 선비가 사람들에게 큰 소리로 외치기를, "내가 들으니 홍섬은 사류士類라고 하는데, 지금 죄도 없이 곤장을 맞고 귀양을 가니, 소인이 나라를 차지하여 정치를 어지럽히고 있음이 분명하오. 우리가 이때에 과거는 보아서 무엇 하겠소. 어찌 여기서 발길을 돌리지 않으리오" 하였다. 홍섬이 수레에 누워서 신음하던 중에도 이 말을 듣고는 절로 정신이 상쾌해져 천천히 그 성명을 물으니, 그가 바로 임형수였다.

『동각잡기東閣雜記』[4] 권하

그러나 다행인지 불행인지 임형수는 발길을 돌리지 않고 상경했으며 그해 문과에 급제해 벼슬길에 올랐다. 스물두 살의 젊은 나이에 출사한 그는 빠르게 출세 가도를 달렸다. 특히 벼슬길에 오른 지 얼마 되지 않아 선발되어 독서당에 들어갔는데, 이때 함께 독서당에 있었던 사람은 간재艮齋 최연崔演, 십성당十省堂 엄흔嚴昕, 추파楸坡 송기수宋麒壽, 송재松齋 나세찬羅世纘, 국간菊磵 윤현尹鉉, 죽계竹溪 임열任說, 지산芝山 이황李滉, 우암寓庵 김주金澍, 상덕재尚德齋 정유길鄭惟吉, 급고재汲古齋 이홍남李洪男, 호학재好學齋 민기閔箕, 담재 김인후 등이었다.[5]

「관북도」, 『여지도』, 채색필사, 26.5×19.1cm, 18세기, 규장각한국학연구원. 임형수는 중종의 신임을 받아 회령판관을 지냈다.

이황은 임형수보다 열세 살 연상이고, 한 해 먼저 문과에 급제했다. 그러나 같은 독서당에서 글을 읽는 동료였고 게다가 겸허한 인품의 이황이었으니, 그가 임형수를 벗으로 대했을 것임을 짐작하기는 어렵지 않다. 다음은 이황이 독서당 뒷산에 올라 지은 시로, 임형수에게 부친 것이다.

중양절에 독서당 뒤 산허리에 올라 시를 지어 임사수林士遂에게 부치다 네 수

들국화 피었기에 그대 몹시 그리워서	野菊猶多思
술항아리 앞에 작은 가지 꺾어놓았소	尊前小擷枝
이 술자리 벌인 것 참으로 우연이니	杯盤眞偶設
풍악 울리는 일이 어찌 있으리오	歌管豈曾隨
먼 곳을 바라보니 애끊는 시름	望遠愁腸斷
높은 곳에 오르자니 병든 다리 위태해라	登高病脚危
즐겁게 술에 한번 취해봤으나	陶然成一醉
그대 없으니 누굴 위해 춤을 추리오	短舞爲誰垂
성상께서 동관을 여신 그 뜻은	聖主開東觀
나라 빛낼 문장을 기대하신 것	將期瑞世文
쓸모없는 이 몸이 그 안에 들어 부끄럽고	愧添樗櫟散

출중한 그대 풍모 보게 되어 기쁘다오	欣觀鳳鸙紛
즐거운 술자리 태평 시대라 누릴 수 있고	樂事淸時得
그윽한 국화 향기 앉자마자 풍겨오누나	幽香小坐聞
고향은 저 천 개 봉우리 밖에 있으니	故鄕千岫外
취한 눈으로 돌아가는 구름만 바라본다네	醉眼送歸雲

그대 그리는 내 마음 잠시라도 잊히랴	思君那得暫時寬
술잔에 국화 띄워 취한들 뉘와 함께 즐길꼬	醉把黃花誰共歡
초승달은 아양 떠는 듯 손에 쥔 잔에 들어오고	新月媚人還入手
바람은 사람 속이는 듯 갓으로 불어오네	長風欺客且吹冠
천 겹의 먼 산은 아스라이 늘어섰고	千重眉黛依依列
한 폭 흰 깁 같은 긴 강은 맑고 차가워라	一道氷紈湛湛寒
경치란 인연 따라 쉬이 바뀌어버리니	景物隨緣易陳迹
서둘러 묘사해서 그대에게 보여야겠네	急須摹取與君看
고금의 세월은 시냇물처럼 흘러가건만	今古茫茫似逝川
예나 지금이나 높은 곳에 올라 경치 구경하누나	登臨佳景故依然
함께 기거해도 몰라보니 어찌 귀하다 아니할까	同牀不識寧非貴
온 세상이 비난해도 아랑곳 않는다는 옛말도 있지	舉世相疵亦有傳
말의 함정이 술자리서 어찌 용납되리오	語穽豈容罇俎裏
시름겨운 심경도 국화 앞엔 붙기 어렵다네	愁城難著菊花前
석양에 돌아가는 갈까마귀 그림 같은데	歸鴉落日都成畫

누워서 거울 같은 동호에 비친 하늘 본다오　臥看東湖玉鏡天
『퇴계집』 권1

중양절重陽節에 국화꽃을 띄운 술을 마시는 술자리를 벌여놓고 그 자리에 없는 임형수를 생각하면서 지은 시다. 이 시를 알려면 고사에 대한 이해가 있어야 한다.

음력 9월 9일 중양절은 구일九日이라고도 하는데, 이날에는 사람들이 붉은 주머니에 수유茱萸를 담아서 팔뚝에 걸고 높은 산에 올라가 국화주를 마시는 풍습이 있다. 이러한 풍습이 생기게 된 데에는 다음과 같은 고사가 있다. 후한後漢 때 비장방費長房이라는 도사道士가 그의 제자 환경桓景에게 말하기를 "9월 9일 너의 집에 재앙이 있을 것이다. 빨리 너의 집으로 돌아가 온 가족에게 붉은 주머니에 산수유를 담아 각자 팔목에 잡아매고 높은 산에 올라가 국화꽃을 띄운 술을 마시게 하라. 그러면 화를 면할 것이다" 하였다. 환영이 그 말대로 하고 저녁에 집에 돌아와보니 가축인 닭, 개, 소, 양들이 모두 죽어 있었다. 가축들이 사람 대신 죽은 것이다.

동관東觀은 후한 때 비서감의 별칭으로, 학문이 뛰어난 선비들을 뽑아 이곳에 들어가 전적들을 읽게 했다. 신선이 사는 봉래산蓬萊山과 같이 좋은 곳이라는 뜻에서 봉관蓬觀이라고도 했다. 여기서는 물론 독서당을 가리킨다.

'바람은 사람 속이는 듯 갓으로 불어온다'는 것은 진晉나라 때 맹가孟嘉의 고사를 쓴 것이다. 맹가가 정서장군征西將軍 환온桓溫의 참군參軍으로 있을 때의 일이다. 중양절에 환온이 막료幕僚들을 거느리고 용산龍山에서 연회를 열고 술을 마실 때, 마침 바람이 불어 맹가의 모자가 날려 땅에 떨어졌는데도 알아차리지 못했다. 맹가가 변소에 간 틈을 타서 환온이 손성孫盛이란 사람을 시켜 글을 지어서 맹가를 조롱하게 했는데, 맹가가 돌아와서 보고는 즉시 글을 지어 답한 것이 매우 훌륭하여 좌중이 모두 감탄했다. 이는 중양절의 고사로 인구에 회자되었다. 관을 떨어뜨릴 정도로 바람이 세게 불기에 사람을 속이는 듯하다고 한 것이다.

'함께 기거해도 몰라보니 어찌 귀하다 아니할까. 온 세상이 비난해도 아랑곳 않는다는 옛말도 있지'라는 시구 역시 고사를 알지 못하면 뜻을 이해할 수 없다.

'함께 기거해도 몰라보니 어찌 귀하다 아니할까'는 후한 때 명사名士인 이고李固의 고사다. 이고는 이합李郃의 아들로서, 아버지인 이합이 태학太學의 장인 사도司徒로 있을 때의 일이다. 사도는 조선시대로 말하자면 성균관 대사성, 즉 국립대학 총장 격이다. 이고는 태학에 있을 때 성명을 바꾸고 이합의 아들임을 내색하지 않아서 함께 공부하는 유생들이 모두 사도의 아들임을 알지 못했다. 『노자』에 "나를 아는 자가 드물면 내가 귀하다知我者希, 我貴矣"고 하였다. 즉 이고를 알아보는 사람이 드무니, 결국 이고가 귀한 것이 아니겠는가라는 뜻이다. 물론 여기서는 임형수를 이고에 비긴 것이다.

'온 세상이 비난해도 아랑곳 않는다는 옛말도 있지'는 온 세상의 비난에도 흔들리지 않는, 우뚝한 기상을 지닌 선비를 뜻한다.

선비가 특립독행特立獨行하여 시류에 휩쓸리지 않고 의義에 맞게 살 뿐 남의 시비를 아랑곳하지 않는 사람은 모두 출중한 선비로 도道를 믿음이 독실하고 자기를 앎이 밝은 이들이다. 한 집안이 자신을 그르다 하는데도 힘써 실행하고 흔들리지 않는 사람은 드물고, 한 고을 한 나라 사람들이 자신을 그르다 하는데도 힘써 실행하고 흔들리지 않는 사람은 아마 천하에 한 사람뿐일 것이다. 온 세상 사람들이 자신을 그르다 하는데도 힘써 실행하고 흔들리지 않는 사람으로 말하자면 천백 년에 한 사람 뿐일 것이다.

위에서 보듯 당唐나라 문호 한유韓愈가 지은 「백이송伯夷頌」의 말을 차용한 것이다.

'말의 함정이 술자리서 어찌 용납되리오. 시름겨운 심경도 국화 앞엔 붙기 어렵다네'는 술자리에서 진솔한 태도로 서로 마음을 터놓고 술을 마시니, 국화 꽃잎을 술잔에 띄워서 술을 마시는 자리에 시름 따윈 있을 수 없다는 말이다. '말의 함정語穽'은 한유의 「추회시秋懷詩」에서 "말을 어렵게 하여 말의 함정을 피한다詰屈避語穽"고 한 구절에서 나온 말로, 말의 꼬투리를 잡아 남을 모함하는 것을 함정에 비긴 것이다.

중양절에 선비들이 모여서 술을 마시는 자리에 참석하지 못한 임형수를 그리워하며 네 수의 시를 지어 부쳤다는 사실은 임형수에 대한 이황의 정이 각별했음을 알려준다.

이때 임형수는 회령판관의 임기를 마치고 돌아와서 조정과 임금으로부터 높은 신임을 받고 있었다. 『중종실록』 38년(1543)의 기록을 보면, 임형수의 자급을 9등급 높여주어 당상에 제수한 일을 두고 사헌부가 옳지 않다고 건의한 일이 있었다. 이러한 승급은 관례에 없었던 것이기 때문이다. 중종은 처음에 그 건의를 받아들이지 않다가 이의가 계속되자 결국 '한두 자급만 높여 부사·목사를 주자'는 이조의 의견에 따른다. 임금의 비상한 신임과 총애를 받는다는 것은 그만큼 이목이 집중되어 사람들의 입에 오르내리게 된다는 것이다. 시에서 말한 '온 세상이 헐뜯어도'라는 것은 아마도 임형수의 이런 처지를 두고 한 말일 듯싶다.

위의 시 외에도 임형수에게 준 이황의 시가 『퇴계집』에 여러 편 보이는데, 그중 한 편을 더 소개한다.

병으로 누운 채 더위에 지쳐 있다가 금호자錦湖子가 그리워 『오산록』을 집어 들어 읽고 그 뒤에 쓰다

오래 병을 앓는 데다 찌는 더위에 지쳐	抱病支離困鬱蒸
시원한 술 세 사발도 시름만 더할 뿐일세	瓊漿三椀只愁增
침상 가에 나를 짝하는 좋은 시편 있으니	牀頭伴我有佳什

자리에 앉아 그대 생각노니 참으로 좋은 벗일세　座上憶君眞好朋

상쾌한 음률은 골짜기서 우는 솔바람인 듯　韻爽似聞吟壑籟

씩씩한 기세는 대붕이 바다를 나는 듯　氣雄如跨簸溟鵬

훗날 나의 이 시를 문집에 넣지 말게나　他時此語休編入

함께 전해져 만인의 입에 오를까 걱정되니　卻怕同傳萬口騰

『퇴계집 별집』 권1

금호자는 임형수를 가리킨다. 이황은 건강치 못한 데다 날씨마저 찌는 듯이 더워 마음이 답답하고 무료한 나머지 임형수의 『오산록鰲山錄』[6]에 실린 시를 읽으며 시름을 달랜다. 시를 읽으면서 좋은 벗 임형수를 생각한다. 시편은 골짜기에 부는 솔바람 소리와 같고 바다 물결을 치며 구만리 장천長天을 나는 대붕大鵬과 같다. 마지막 구절이 재미있다. 이황의 뜻을 부연해 말하면 '훗날 문집을 편집할 때 이 시를 함께 넣어 간행하지 말라. 그대의 시편들과 함께 세상에 전해져 만인의 입에 오르면, 그대의 뛰어난 시와 비교되어 나의 보잘것없는 시가 더욱 초라해질 테니'라는 것이다. 자신의 시를 낮춤으로써 상대방 임형수의 시를 재치 있게 칭찬한 것이다.

이 시를 포함해 이황이 임형수에게 준 여러 시를 보면 임형수를 아끼고 좋아하는 이황의 마음을 느낄 수 있다. 두 사람은 연배, 출신지 등이 달랐을 뿐만 아니라 기질도 확연히 차이 났던 것으로 보이는데 어떻게 이런 교분을 나눌 수 있었을까? 차분한 성격과 겸손한 성품의 이황은 사람을 대할 때 나이와 상관없이 언제나 상대를 예우하고 존중했기에 그가 임형수를 친구로서 대한 것은 의아하게 여길 것이 없다. 그러나 담대한 호걸이었던 임형수는 자기보다 나이가 많은 사람도 인정하지 않거나 존중하지 않을 때가 많았다고 한다. 그럼에도 불구하고 이황만큼은 진심으로 존경하고 따랐다고 하니, 이황의 진심이 임형수에게 전해져 그를 심복시켰음을 짐작할 수 있다.

임금호林錦湖는 동배들을 업신여기는 버릇이 있어 아무리 선배일지라도 건방진 말을 하곤 했다. 그러나 퇴계만은 존경하여 감히 함부로 대하지 못했다. 한번은 신영천申靈川(신잠申潛의 호)의 죽화竹畫에 쓰기를 다음과 같이 했다.

영천이 그려낸 벽옥 같은 대나무	靈川筆下碧琅玕
상강가 높은 풍모에 밝은 달이 차가워라	湘口高標雪月寒
시인을 뽑아본다면 어느 누가 비슷할꼬	揀得詩人誰得似
청수한 그 모습 퇴계와 같이 봐야 하리	淸癯宜幷退溪看

『월정만필月汀漫筆』[7]

대나무의 곧고 맑은 모습을 학처럼 여윈 이황의 청수한 풍모와 같다고 한 것이다. 대나무 그림을 두고서 시인들 가운데 다른 사람은 이에 해당될 수 없고 오직 이황만 이와 같다고 했으니, 임형수가 이황을 진심으로 존경했음을 알 수 있다.

솔직하고 거침없는 성격의 임형수는 대윤大尹·소윤小尹이라는 말이 한창 시끄러울 당시에, 아우에게 윤원로 형제를 가리켜 "한두 놈만 곤장을 치면 이 사태가 진정될 것이다"라고 했는데 이 말이 윤원형 무리의 귀에 들어가 그의 미움을 샀다. 결국 1545년(인종 1) 제주목사로 좌천되었고 2년 뒤 양재역良才驛 벽서사건에 연루되어 유배에 처해졌는데 적소에 이르기도 전에 사사되었다. 임형수는 제주목사로 있을 때에도 이황과 편지를 나누었다. 그는 이황의 편지에 다음과 같은 시로 답했다.

그대의 높은 의리 나로서는 어림없나니	高義吾君我不如
편지에 담긴 온정이 지면에 넘쳐나누나	書來情款溢言餘
변씨의 옥 가지면 발 잘림을 본래 아노니	本知卞玉能成刖
꼭 양장만이 수레 넘어뜨리는 게 아닐세	未必羊腸可覆車
외딴섬 벼슬살이 이제는 이미 괴로운데	浮海宦情今已苦
산을 사서 돌아갈 계획 응당 이루실 테지	買山歸計未應疏
강가 매화 다 진들 누가 찾아주리오	江梅落盡誰相問
만 리 밖에서 속절없이 편지만 전할 뿐이라오	萬里空傳尺素書
	『월정만필』

'변씨의 옥'은 춘추시대 초나라의 변화卞和가 가지고 있던 화씨벽和

氏璧을 말하는데, 변화가 이 박옥을 바쳤다가 옥을 감정하는 사람이 옥이 아닌 돌이라 하여 두 발이 잘리는 형벌을 받았다. 아무리 훌륭한 재주를 갖추었더라도 세상의 인정을 받지 못하면 오히려 그 재주로 인해 화를 입게 된다는 뜻이다.

'꼭 양장만이 수레 넘어뜨리는 게 아닐세'는 중국 삼국시대 조조曹操의 「고한행苦寒行」에 "북쪽으로 태항산을 오르니, 험준하여 어이 이리도 높은고. 구절양장 길이 구불구불하니, 수레바퀴가 다 부서지네北上太行山 艱哉何巍巍 羊腸阪詰屈 車輪爲之摧"라고 한 것을 인용했다. 태항산太行山은 중국 산시 성山西省에 있는 산인데 험준하기로 이름이 높다. 이 구절은 구절양장 험한 길에서만 낭패를 당하는 것이 아니라 평지에서도 험한 인심에 낭패를 당한다는 것이다. 윤원형 무리에게 미움을 사 제주도까지 내려와 있는 자신의 처지를 두고 한 말이다.

'산을 사서 돌아갈 계획 응당 이루실 테지'는 임형수가 이황에게 한 말이다. 이 시를 썼을 때를 임형수가 제주도로 온 이듬해였다고 보면 1546년이고, 이황의 나이 46세 때이다. 이황이 『주자대전』을 처음 읽은 것은 43세 때이다. 이때부터 병으로 인한 사직이 잦아지는 것을 보면, 이 당시 이황은 벼슬을 그만두고 산림에 은거하여 『주자대전』 연구에 전념하고픈 열망이 매우 강렬했을 것이다. 그래서 그런 생각을 임형수에게 평소에 털어놓았을 것이다. '산을 산다買山'는 것은 은거할 산을 돈으로 산다는 말로 은거함을 뜻한다. 당나라 때 우적于頔이 양양襄陽을 다스릴 때 여산廬山 사람 부재符載가 그에게 매산전買山錢, 즉 산을 살 돈 백만금을 빌려달라고 하니 우적이 즉시 주었다는 고사에서 유래한 말이다. 당나라 유우석劉禹錫이 백거이白居易에게 준 「수락천한와酬樂天閑臥」에 "동년인 내가 함께 은거하지 못하는 것은 산을 살 돈이 없기 때문이라오同年未同隱 緣欠買山錢"라고 하였다.

'강가 매화 다 진들 누가 찾아주리오. 만 리 밖에서 속절없이 편지만 전할 뿐이라오'는 먼 외지인 제주도에 가 있는 자신의 외로운 심정을 표현했다. 제주도에 간 뒤로 해가 바뀌어 매화가 다 졌는데도 아무도 찾아와주는 사람 없고 멀리서 편지만 주고받을 뿐이라는 것이다. 이 당시 임형수는 외롭고 어려운 처지에 있던 터라 자신을 잊지 않고 안부를 물어온 이황에 대한 고마운 마음이 각별했으리라. 이 시에는 그러한 고마움과 그리움을 잘 드러나 있다.

아래는 같은 시기에 이황이 임형수에게 보낸 시다.

임사수가 시를 보내왔기에 차운하다

남쪽 바다 먼 곳에 사는 친구가	故人在南溟
편지 넣은 잉어를 부쳐왔다네	尺素傳鯉魚
명월주 같은 시편을 봉하여	緘封明月珠
아무 대가 안 바라고 내게 보내주었네	贈我無所需
병든 학과 같다 나를 위로해주니	慰我如病鶴
그 한마디 말에 마음 흡족했다오	一言意太足

나는 지금 아무 데도 쓸모가 없어	我今百無用
술잔의 뱀 같은 의혹에 얽매여 있다네	纏此杯蛇惑
임금님의 은혜는 하늘같은데	聖恩極天涵
나의 약한 몸은 시든 갯버들 같네	臣質垂蒲彫
고향 예안 들판의 농부가 되어	爲農宣城野
낮이나 밤이나 신음만 하네	呻吟晝連宵
어떡하면 홀연히 붕새로 변화하여	安得忽變化
큰 날개를 등에 달고 바람 타고서	培風負大翼
십주에 찾아가서 그대를 만나	見君十洲中
여러 신선 의식 갖춰 인도해주면	群仙尊儀飾
낭원에서 반도를 따먹기도 하고	閬苑摘蟠桃
부상에서 해 뜨는 것 구경도 하며	扶桑看出日
적송자 왕자교에게 지극한 도리 묻고	至道揖松喬
여가에 두보와 이백을 따라 시를 배울까	餘事追甫白

『퇴계집』권1

'편지 넣은 잉어'는 후한後漢 채옹蔡邕의 「음마장성굴행飮馬長城窟行」의 "길손이 먼 곳에서 찾아와 나에게 잉어 한 쌍을 주었네. 아이 불러 잉어를 삶게 했더니 배 속에 편지 한 통이 들어 있었네客從遠方來 遺我雙鯉魚 呼童烹鯉魚 中有尺素書"에서 온 말로 먼 곳에서 부치는 편지를 뜻하는 말로 쓰인다.

'명월주'는 수후隋侯라는 사람이 얻은 구슬이라 하여 다른 말로 수주隋珠라고도 한다. 『회남자淮南子』「남명훈覽冥訓」에 "수후의 구슬과 화씨의 구슬을 얻는 자는 부유해지고 잃는 자는 가난해진다"고 하였는데, 그 주注에 "수후는 한나라 동쪽에 있는 나라의 희성姬姓을 가진 제후다. 수후가 배가 갈라진 큰 뱀을 보고 약을 발라 치료해주었는데, 훗날 그 뱀이 강 속에서 큰 구슬을 물고 나와 보답했다"고 하였다. 한나라 때 추양鄒陽이 양왕梁王에게 올린 편지에서 "명월주나 야광벽 같은 보배도 갑자기 길 가는 사람에게 던지면 누구나 칼을 어루만지며 노려보게 되는 것은 어째서인가? 까닭 없이 보배가 앞에 이르기 때문이다"라고 한 데서 유래하여 뜻밖에 반가운 시편을 받았음을 비유하는 말로 쓰인다.

'술잔의 뱀杯蛇'이란 아무것도 아닌 일을 쓸데없이 걱정하여 괴로워하는 것을 비유한 말이다. 진晉나라 때 악광樂廣이란 사람이 친구와 술을 마셨는데, 그 친구가 잔에 비친 뱀의 그림자를 보고 뱀의 독을 마셨다고 생각해 마음이 섬뜩하여 병들었다가 나중에 그 뱀이 벽에 걸린 활의 그림자임을 알고는 병이 절로 나았다는 고사에서 온 말이다.

'십주十洲'은 신선이 산다고 하는 열 군데 섬인데, 여기서는 제주도를 가리킨다. 제주도를 신선의 세계인 영주瀛洲라 부른다. 낭원閬苑은 곤륜산 낭풍원閬風苑의 준말로 역시 신선이 사는 곳이다. 부상扶桑은 해 뜨는 곳에 있다고 하는 신목神木이다. '적송자赤松子'는 신농씨神農氏의 신하로 우사雨師의 벼슬을 하다가 신선이 되어 승천했다고 하며, '왕자교王子喬'는 주周나라 영왕靈王의 아들로 숭산嵩山에 들어가 20년간 도를 닦다가 신선이 되어 학을 타고 갔다고 한다.

임형수의 시를 읽으면 먼 곳으로 쫓겨난 신세가 되어 평소 존경하고 의지하던 벗을 더욱 그리워하는 마음을 느낄 수 있고, 이황의 시를 읽으면 좌천되어 멀리 제주도에 가 있는 벗을 안타까워하고 보고파 하는 간절한 마음을 읽을 수 있다.

그러나 이 시를 주고받은 지 2년 뒤에 임형수는 34세의 젊은 나이로 사약을 받고 세상을 떠난다. 무척이나 좋아하고 아끼던 벗이었기에 임형수가 세상을 떠난 뒤에도 이황은 그를 그리워하며 그에 대한 이야기를 주변에 한 모양이다. 『연려실기술練藜室記述』[8]에는 다음과 같은 이야기가 전한다. 임형수에 대한 이황의 깊은 정을 느낄 수 있다.

> 이황이 항상 공의 사람됨을 칭찬하기를 "참으로 재주가 뛰어난 사람이었는데 죄 없이 죽었으니 무척이나 원통하다" 하며, 애석히 여김을 마지않았다.
> 공은 사람됨이 뜻이 높고 기개가 한 세상을 덮을 만했으며, 또한 문무의 재주를 겸비했다. 일찍이 이황과 함께 독서당에 들어갔는데, 술에 취할 때마다 호탕하게 노래를 부르며 시를 읊었다. 이황의 자를 부르며 말하기를 "그대도 사나이의 장쾌한 취미를 알고 있소? 나는 알고 있다오" 하니, 이황이 웃으며 "말해보시오" 하였다. 임형수가 말하기를 "산에 큰 눈이 올 때, 흑초구黑貂裘 갖옷을 입고 허리에는 흰 깃이 달린 긴 백우전白羽箭 화살을 차고 팔뚝에는 100근짜리 강궁強弓을 걸고서 철총마鐵驄馬를

타고 채찍을 휘두르며 골짜기로 들어가지. 그러면 긴 바람이 골짜기에서 일어나고 초목이 모두 진동하는데, 느닷없이 큰 멧돼지가 놀라서 길을 헤매며 달아나면 곧바로 화살을 뽑아 활을 힘껏 잡아당겨 쏘아 죽인다네. 그러고는 말에서 내려 칼을 뽑아 이놈의 고기를 도려내고, 참나무 고목을 베어 불을 피워놓고 기다란 꼬챙이에다 그 고기를 꿰어서 구우면 기름과 피가 뚝뚝 떨어지지. 호상胡床에 걸터앉아 구운 고기를 잘라 먹으며 큰 은사발에 술을 가득히 부어 마시고, 얼큰하게 취해 하늘을 처다보면 골짜기의 구름이 눈이 되어 취한 얼굴 위를 비단처럼 살랑살랑 스쳐온다네. 이런 맛을 그대는 아는가? 그대가 잘하는 것은 다만 글자를 다루는 작은 재주일 뿐이라네" 하고는 무릎을 치며 크게 웃었다. 이황이 공의 인품을 말할 때면, 언제나 그가 하던 이 말을 되뇌곤 했다.

『연려실기술』권10

|3| 퇴계의 담장 대신 부고를 들어야 했던 노시인
- 면앙정 송순

송순宋純(1493~1582)은 본관이 신평新平이고, 자가 수초守初·성지誠之이며, 호는 기촌企村·면앙정俛仰亭이다. 1493년(성종 24) 전라도 담양에서 태어났다. 열 살 때에는 숙부 송흠宋欽에게 글을 배웠으며 스물한 살이 되어서는 담양부사로 부임한 눌재 박상과 그의 아우 박우朴祐 문하에서 수학했다. 1519년(중종 14)에 문과에 급제했는데, 이때 시관試官이었던 조광조 등으로부터 "김일손 이후에 이러한 문장은 없었다"는 찬사를 받기도 했다. 이렇게 출발한 그의 벼슬길은 유배나 좌천 등의 일을 겪기도 했지만 당시 시대 상황에 비춰보면 순탄한 편이었다. 90세가 되도록 장수한 그는 50여 년 동안 관직에 있었는데 종9품에서부터 정2품에 이르기까지 60여 곳의 부서를 옮겨 다녔으며 전라도 관찰사, 경상도 관찰사, 선산도호부사 등 외직을 거쳤다.

환로에 오래 있으면서 그는 특유의 관용과 원만한 성품으로 많은 사람과 교제했는데, 대개 시를 통해 만남이 이뤄졌다. 그의 이러한 시적 교유를 보여주는 것이 바로 면앙정시단俛仰亭詩壇의 성립이었다.

옛날 선비들에게 시는 일상의 여기餘技요 지식인의 필수 교양이었다. 따라서 선비로서 시를 지을 줄 모르는 사람은 없었다고 해도 과언이 아니다. 선비들의 만남에는 시가 중요한 역할을 했고 시가 빠지는 자리는 없었다. 그렇지만 특히 시를 좋아하고 잘 짓는 사람들은 따로 있었으니, 시에 능한 문인들은 시를 주고받으며 교분을 쌓았고 이를 통해 자연스럽게 시단이 형성되었다. 이러한 옛날의 시단은 시인으로 등단한 사람들끼리 모이는 오늘날의 시단과는 달리 대개 가까운 사람들끼리 자연스럽게 모임을 만들었고 시단을 구성하는 동인도 소수였다. 시단의 활동은 주로 두 장소를 매개로 이루어졌는데, 하나는 서당이나 학당을 비롯해 향교·서원·성균관·독서당 등 교육의 전당이고, 또 하나는 산수나 누정樓亭 등 자연의 승경지. 이중에서도 누정은 시인들의 중요한 작시 무대였으며, 호남에서는 누정을 무대로 한 풍류 문화가 특히 발달했다.

　　누정에서 선비들이 모여 시를 짓는 시회詩會는 대개 누정 주인과의 친분을 계기로 이뤄질 때가 많았다. 물론 주인과 친분이 없다고 해서 누정에서 시를 짓지 않은 것은 아니다. 누정에 와서 경치를 완상하며 일어난 감흥을 누정에 걸려 있는 판상板上의 시들, 즉 누정제영樓亭諸詠⁹에 차운하기도 하는 것이다. 그렇지만 대개 누정 주인과 친분이 있는 선비들이 누정을 찾아와 시를 짓거나 누정을 찾아오지 못할 때는 누정 주인의 부탁을 받고 시를 지어 부쳐주기도 함으로써 소위 누정제영이 이루어졌다.

　　송순의 면앙정시단 또한 이러한 방법으로 형성되었는데, 면앙정 제영에 참여한 사람은 『면앙집』「면앙정제영해동명현록俛仰亭諸詠海東名賢錄」에 서른한 명이 기록되어 있다. 이들은 하서 김인후, 석천 임억령,

제봉 고경명 등 주로 호남 인사들인데 그 안에는 이황의 자리도 있다.

이황과 송순이 언제 처음 만나 어떤 교유를 나누었는지 상세히는 알 수 없다. 다만 그들이 비슷한 시기에 조정에 있었으며, 김인후·임형수·임억령 등이 교우관계를 맺고 있었다는 사실에서 저간의 사정을 짐작해볼 뿐이다. 『퇴계집』에는 「면앙정시」가 원집에 2수, 별집에 1수 실려 있고, 『면앙집』에는 이황의 차운시를 아래에 붙여놓은 송순의 시 3수가 실려 있다. 이황의 자주自註에 따르면, 그는 시를 부탁하는 송순의 편지를 받고 용문당龍門堂 조욱趙昱의 운자를 써서 3수의 시를 지었는데, 조욱의 시는 『용문집』이나 『면앙집』에 보이지 않는다.

송순이 면앙정을 지을 터를 구입한 것은 1524년(중종 19), 그의 나이 32세 때였다. 이때는 터만 마련해두었을 뿐 정자를 세우지는 못했고, 1533년(중종 28) 김안로가 득세하자 고향에 돌아와 면앙정을 지을 수 있었다. 그는 당대의 명필인 청송聽松 성수침成守琛으로부터 면앙정 편액을 받았으며, 이로부터 5년여 동안 고향에 머물렀다.

『맹자』「진심盡心」편에는 '군자의 세 가지 즐거움君子三樂'을 소개하고 있는데, 그중 하나는 '우러러보아도 하늘에 부끄러움이 없고, 굽어보아도 사람에게 부끄러움이 없다仰不愧於天 俯不怍於人'는 것이다. 면앙정의 '면앙'은 이 구절의 '부앙俯仰'에서 온 말이다. 따라서 '俛' 자의 음도 '부'로 읽어야 한다는 주장이 오히려 맞을 듯하다. 말에 담긴 뜻을 살려 읽으면 면앙정이 아니라 부앙정이 되어야 맞다. 송순은 면앙정의 뜻을 다음과 같은 시로 노래한 적이 있다.

면앙정가

굽어보니 땅이 있고 올려다보니 하늘 있어	俛有地仰有天
그 가운데 지은 정자에서 호연지기 일어난다	亭其中興浩然
풍월을 불러오고 산천을 끌어와서	招風月挹山川
명아주 지팡이 짚으며 평생을 보내리라	扶藜杖送百年

『면앙집』권3

1537년(중종 32) 김안로가 축출되자 송순의 벼슬길이 다시 열렸다. 그는 1550년(명종 5) 충청도 서천으로 유배되기 전까지 여러 내외직을 거쳤으며, 유배되고 1년 뒤 방환되어 1553년 선산도호부사에 임명되었다. 그리고 이때 담양부사로 있던 오겸吳謙에게 재정적인 도움을 받아 면앙정을 중수했다.

임기를 마치고 고향으로 돌아가면서 송순은 이황에게 시를 부탁했다. 그 부탁에 따라 지어 보낸 이황의 시는 3수다. 한 수씩 감상해보자.

송기촌宋企村(순純)의 면앙정 2수

공이 사는 곳은 담양인데 이때 선산부사로 있다가 사직하고 돌아가면서 나에게 편지를 보내 시를 지어 달라고 청했다.

면앙정. 현재 전라남도 담양군 봉산면 제월리에 있다.

왼쪽으로 면앙정가가 보인다.

높고 낮은 일곱 구비 가까이엔 두 시내	七曲高低控二川
무수한 푸른 산봉우리 멀리 앞에 늘어섰네	翠鬟無數迥排前
해와 달은 처마 앞을 머뭇머뭇 지나가고	縈簷日月徘徊過
영호는 이 지역을 에워싸고 아득하게 이어졌네	匝域瀛壺縹緲連
촌 노인의 꿈 징조가 옛날에는 헛것이었고	村老夢徵虛宿昔
사또가 물자 대어 좋은 풍광에 보답했네	使君資築償風煙
사람들이 정자의 즐거움 알고자 하는가	傍人欲識亭中樂
광풍제월이 응당 따로 전하여질 것일세	光霽應須別有傳

꿈의 징조와 물자를 댄 것은 모두 정자에 실제로 있었던 일이다.

제월봉霽月峯으로부터 면앙정 기슭에 이르는 산이 모두 일곱 구비이고, 두 시내는 여계餘溪와 백탄白灘을 가리킨다. '취환翠鬟'은 푸른 산을 여인의 쪽진 머리에 비유하는 말로, 송순의 「면앙정가」에 보이는 용귀산龍龜山·몽선산夢仙山·불대산佛臺山·어등산魚登山·용진산湧珍山·금성산金城山 등의 산을 형용한 것이다. 영호瀛壺는 신선이 살고 있는 바다 속 세 산, 즉 삼신산三神山 중 하나인 영주瀛洲를 말한다. 광풍제월光風霽月은 비 갠 뒤의 바람과 달이라는 뜻으로, 본래 송나라의 황정견黃庭堅이 주돈이周敦頤의 맑은 인품을 표현한 말이다. 여기서는 면앙정이 제월봉 기슭에 있으므로 이 말을 가져다 썼는데, 주인인 송순의 인품을 은근히 비유한 것이다. 즉, 면앙정의 참된 즐거움은 아름다운 풍광에 있는 게 아니라 주인 송순의 광풍제월처럼 쇄락灑落한 흉금에 있고, 이는 후세에 길이 전해지리라고 한 것이다.

　이 시를 이해하기 위해서는 면앙정에 얽힌 이야기를 알아야 한다. 송순이 면앙정 터를 구입하기 전 이곳을 소유하고 있던 사람은 곽씨郭氏였다. 그는 꿈에서 자금어대紫金魚帒와 옥대玉帶를 찬 학사들이 이곳에서 노는 것을 보고는 이 터로 인해 자기 집안이 흥성할 것이고 자신의 아들이 이 꿈대로 높은 벼슬에 오를 것이라고 생각했다고 한다. 그래서 아들을 승려에게 부탁해 글을 가르쳤으나 끝내 아들도 집안도 성공하지 못했고 마침내 그곳에 있는 나무를 베어버리고 이사를 가게 되어 송순이 그 터를 살 수 있었던 것이다. 결국 옛날 주인인 촌 노인 곽씨의 꿈은 그 징조가 맞지 않았다가 송순 때에 와서 비로소 참 징조가 실현되었으므로 사또가 그 아름다운 풍광에 값을 치르듯이 물자를 대어 정자를 지었다고 한 것이다.

빽빽한 솔숲 대숲 사이 오솔길이 나 있고	松竹蕭槮出徑幽
정자에 올라서 보니 일천 봉우리 겹겹일세	一亭臨望岫千頭
은은한 그림인 양 시내와 들판 탁 트이고	畫圖隱映川原曠
물풀은 아련히 보이고 수목은 빽빽하여라	萍薺依俙樹木稠
꿈속에도 생각났던 건 유배하던 때요	夢裏關心遷謫日
시 읊으며 즐거움 생각한 건 백성 다스리던 때	吟邊思樂撫摩秋
그 언제나 맘대로 굽어보고 올려다보면서	何時俛仰眞隨意

움츠렸던 가슴의 시름을 씻을 수 있을거나 　　洗却從來局促愁
　　　　　　　　　　　　　　　　　　　　『퇴계집』 권2

　　1550년(명종 5) 송순은 대사헌과 이조참판을 지냈는데, 이때 구수담具壽聃이 사당邪黨을 만들었다는 죄목으로 사형을 당했고 구수담과 친했던 송순은 허자許磁·이윤경李潤慶·이준경李浚慶 등과 함께 연좌되어 충청도 서천舒川으로 유배되었다. 그는 1년 뒤에 방환되었고 2년 뒤 선산부사가 되어 그 시기에 면앙정을 중수할 수 있었다. 그래서 이황은 "꿈속에도 생각났던 건 유배하던 때요 시 읊으며 즐거움 생각한 건 백성 다스리던 때"라고 했던 것이다. 즉, 서천에 유배 가 있을 때 늘 면앙정을 그리워했고 선산부사로 있으면서도 면앙정에 가서 땅을 굽어봐도 하늘을 올려다봐도 부끄러움이 없는, 면앙의 즐거움을 누리며 유유자적하고 싶어했다고 한 것이다. 이황이 이 시를 쓸 때 송순은 선산부사직도 그만둔 채 귀향을 앞두고 있었다. 이제 곧 고향에 돌아가 그토록 가고 싶어했던 면앙정에서 마음껏 자연을 즐기며 살아갈 송순의 앞날을 이황은 시로 축하해주었던 것이다.

송기촌의 면앙정

　　공이 지난날 담양에서 살았는데, 그곳의 면앙정은 빼어난 풍광이 호남에서 으뜸이었다. 공이 이제 외직으로 나가 선산부사로 있다가 고향으로 돌아가려 하면서 나에게 편지를 보내 시를 지어주길 청하기에 조경양 조욱趙昱의 운자韻字를 써서 시를 짓는다.

덧없는 영화를 헌신짝처럼 쉽사리 버렸으니　脫屣浮榮諒不難
이문이 온다 한들 어찌 종산에게 부끄러우리오　移文寧使愧鍾巒
백천 서가에 꽂힌 책은 그대로 남아 있고　百千架揷書依舊
스물네 기둥에 적힌 글자 흐려지진 않았으리　廿四楹題字未漫
흰 강물은 하늘에 닿고 서리는 내리려 하는데　素練極天霜欲落
누런 곡식은 들판에 널려 있고 비가 막 그쳤네　黃雲彌野雨初乾
알겠어라 공은 고향에 돌아가고픈 마음 간절해　知公正有思歸興
손꼽아보지만 과기는 아직도 약간 남았으리　屈指瓜期尙若干

『퇴계집 별집』권1

둘째 구에서 말하는 '이문移文'과 '종산鍾山'은 중국 남조시대 남제南齊의 공치규孔稚圭가 쓴 「북산이문北山移文」이라는 글에서 온 말들이다. 북산은 종산의 다른 이름으로, 종산이 회계會稽 북쪽에 있다 하여 붙인 것이며, 이문은 관청에서 각지에 돌려 보이는 공문으로 방문과 비슷하다. 옛날 주옹周顒이 종산에 은사로 북산에 은거하다가 조정의 부름을 받고 변절하여 해염현령海鹽縣令이 되었다. 그 뒤 주옹이 임기를 마치고 조정으로 돌아가는 길에 다시 그 종산에 들르려고 하자, 종산에 은거하고 있던 공치규가 주옹의 변절을 매우 못마땅하게 여겨, 종산 신령을 가탁하여 관청의 이문을 본떠서 「북산이문」을 지었다. 그 내용은 변절한 속객俗客 주옹을 다시는 종산에 들어오지 못하게 한다는 것인데, 공치규는 이 글을 지어서 산마루에 새겨놓았다고 한다. 이황이 보기에 송순은 '덧없는 영화를 헌신짝 버리듯 하는 것을 실로 어렵지 않게' 하는 사람이니, 벼슬길에 나갔다 돌아온다 해도 고결한 은사로서 명예에 부끄럽지 않다고 한 것이다.

고향 면앙정에는 예전에 읽던 서책이 그대로 있고 기둥의 주련들도 그대로이리라. 시절도 좋아서 때는 오곡이 들판에 풍성한 가을이다.

'과기瓜期'는 관리의 임기가 차는 것을 뜻하는 말로, 『좌전左傳』 장공莊公 8년에 보인다. 즉 제나라 임금이 연칭連稱과 관지보管至父를 규구葵丘로 보내면서, "내년 오이를 먹을 철에 교대해주겠다及瓜而代"고 한 데서 생긴 말이다. 여기서는 송순의 선산부사 임기를 말한다. 송순이 어서 면앙정으로 돌아갈 날을 매일 손꼽아보지만 임기는 아직 약간 남았으리라는 것이다. 고향으로 돌아가려는 송순의 마음을 이황이 대신 읊어준 시다.

이황의 시를 아래에 붙인 송순의 시는 다음과 같다.

다시 면앙정 시의 각 운자를 써서, 3수
_ 퇴계의 차운시를 아래에 붙인다.

큰 들판은 어느 해에 두 시내를 둘렀던가　　　　鉅野何年帶二川

출렁이는 푸른 물이 정자 앞에 희게 뒤집히네　　漾靑翻白一亭前
몇 줄의 기러기 길은 구름 저편에 틔었고　　　　數行雁路雲邊闊
아홉 고을 산 빛은 하늘 밖으로 이어졌네　　　　九郡山光天外連
바람 부는 난간에 앉아 일없는 술 마시고　　　　風檻坐傾無事酒
강촌에서 태평한 시절에 이는 연기 보노라　　　　江村看起太平煙
누가 알랴 속세에 신선 홍취가 숨어 있음을　　　誰知凡界藏仙興
학을 타는 고상한 정취 곧장 전하고 싶어라　　　鶴背高情直欲傳

넓고 넓은 앞 어귀에 적당한 표현 안 떠올라　　浩蕩前頭覓句難
저녁 내내 읊조리며 맑은 산을 마주하고 있네　　吟哦終夕對晴巒
소나무 끝의 예쁜 달은 너른 하늘에 떴고　　　　松梢好月臨空闊
다리 아래로 긴 바람이 아스라이 이어지네　　　　脚底長風接渺漫
어여쁜 강호로 돌아가는 것 이미 늦었는데　　　　可戀江湖歸已晚
안타깝다 살과 뼈가 늙어서 말랐구나　　　　　　堪嗟肌骨老爲乾
다행히도 근력 남아 놀러 다닐 수 있으니　　　　幸餘筋力供行樂
산마루와 물가를 두루 유람하리라　　　　　　　遊遍山椒與水干

명아주 지팡이로 소나무 그늘에 드니 걸음마다 그윽하고
　　　　　　　　　　　　　　　　　　　　　　藜杖松陰步步幽
두건을 젖혀 쓰고 옥 같은 시냇가를 배회하니　岸巾徙倚玉溪頭
처마 맴돌던 밝은 해는 먼 하늘로 사라지고　　巡簷白日行天遠

걸상 앞의 푸른 산은 빽빽한 들 지키네	對榻靑山護野稠
바람은 주막 연기 끌고서 멀리 숲을 지나는데	風引店煙遙度樹
구름은 포구의 비 이끌고 가볍게 따라간다	雲將浦雨細隨秋
올라앉아서 한없는 흥취를 날마다 느끼니	登臨日取無邊興
어찌 인간 세상 집착하여 이것저것 시름하리오	肯着人間段段愁

윤진사의 새 집에서 이곳에 이르렀다. 방면되어 고향집으로 돌아간 뒤에 쓴 것이다.

『면앙집』 권3

이황의 시에 비하면 고사가 훨씬 적어서 쉽게 읽힌다. 송순은 학자라기보다 풍류를 즐기는 시인에 가까운 사람이라 시도 감흥이 일어나는 대로 술술 읊었던 것이리라. 이 시에는 간과하기 쉬운 고사가 있으니 일없는 술, 즉 무사주無事酒다. 전국시대 위魏나라의 변사辯士 공손연公孫衍이 서수犀首라는 관직에 있을 때다. 진진陳軫이 공손연에게 "공은 어찌하여 술 마시기를 좋아하는가?" 하니, 서수가 "일이 없기 때문이다" 한 데서 온 말이다. 송나라 소식의 시 「괵주 수령으로 가는 왕백이를 보내며送王伯敭守虢」에 "오직 사군이 천 리 밖에서 와서 삼당의 무사주를 마시고자 하리. 삼당에는 본래 한 가지 일도 없으니 해 길어 잠에서 깨면 투호 소리 들리리라惟有使君千里來 欲飮三堂無事酒 三堂本來一事無 日長睡起聞投壺"라고 했다. 태평한 시대에 강촌에 피어오르는 밥 짓는 연기는 얼마나 평화로운 것인가. 학을 타는 고상한 흥취란 신선이 학을 타고 하늘을 나는 듯이 면앙정에서 강산을 두루 굽어보는 흥취를 말한다. 주周나라 영왕靈王의 태자인 왕자교王子喬가 도사道士 부구공浮丘公을 만나 신선술을 배워서 구지산緱氏山에서 학을 타고 날았다는 전설이 있다. 『열선전列仙傳』이라는 책에 나오는 이야기다.

『퇴계집』에는 송순에게 보낸 편지가 보이지 않는데 『면앙집』에는 이황에게 보낸 두 통의 편지가 수록되어 있다. 하나는 상당 부분 일실되어 내용을 확인할 수 없고 또 하나는 형이상하形而上下와 사단칠정四端七情, 인심도심人心道心에 대한 이황의 논변에 의문을 제기한 편지다.

송순의 편지를 보면 그가 진심으로 이황의 질정을 구하고 있음을 알 수 있다. 그가 풍류를 즐기는 시인이면서 형이상하나 사단칠정과 같은 성리설에도 관심이 있었음이 드러난다. 그러나 그는 이황의 답장을 받을 수 없었다. 편지 뒤에는 다음의 자주自註가 붙어 있다.

> 돌아오는 인편에 경호景湖(이황의 자)의 답장을 받지 못하고, 갑자기 그의 부고를 들었다. 사문斯文(유학)의 불행이 이보다 심할 수가 없으니 어찌하리오. 형이상하와 사단칠정의 논변은 소소한 의론이 아니라 중요한 문제인데 공이 세상을 떠나 질정할 곳이 없다. 생각이 여기에 미치니, 그저 스스로 애통해할 뿐이다.

그는 이황의 답서 대신 그의 부고를 들었다. 존경하던 여덟 살 연하의 벗이 먼저 세상을 떠났다는 소식을 들은 그의 심정은 어떠했을까? 이때 송순의 나이 78세였다. 매우 고령인데도 성리설을 연구하고 이황에게 편지로 질의했던 것을 보면, 그의 순수한 학문 열정에 놀라지 않을 수 없다. 또한 이황에 대한 그의 신뢰와 우정이 얼마나 깊었던가를 미루어 알 수 있다.

|4| 호리병 속에 은거한 시인
- 석천 임억령

임억령(1496~1568)은 자가 대수大樹, 호가 석천石川이고 본관은 선산善山이다. 1496년(연산군 2) 전라도 해남에서 태어났다. 명종 원년(1545) 소윤에 가담하여 을사사화를 일으킨 임백령林百齡이 그의 아우다.

임억령이 처음 스승으로 모셨던 사람은 그의 숙부 은일공隱逸公 임우리林遇利였다. 임우리는 김종직의 문인이었던 금남錦南 최보崔溥의 문하에서 수학한 사람으로, 18세에 사마시에 합격해 학문과 문장으로 명성을 얻었으나 끝내 벼슬하지 않고 산림에 은거한 은일의 처사였다. 임억령은 7세부터 14세까지 7년 남짓한 기간 숙부에게서 학문을 닦았다. 이 기간 임우리의 은일한 삶과 정신이 임억령의 평생에 큰 영향을 끼친 것으로 보인다.

이후 임억령은 눌재 박상과 그의 아우 박우의 문하에 들어가 수학했다. 박상 문하에 출입하면서부터 임억령의 문재文才와 기질이 호남 유림들에게 알려지기 시작했고, 그는 호남 문학의 중심지였던 전라도 장성·나주 지역의 인사들과 만날 수 있었다. 앞서 소개한 면앙정과 같은 시기에 박상 문하에 출입한 것은 아니지만 같은 스승을 모신 동학으로서 교유했고 그의 주변 인물들, 예컨대 하서 김인후와 금호당 임형수 등과도 사귀게 되었다.

그는 21세(1516, 중종 11)에 진사시에 합격하고 30세(1525)에 문과에 급제한 뒤 홍문관 부교리, 사헌부 지평·장령, 홍문관 교리·전한 등의 청요직을 거쳐 1544년에는 동부승지가 되고, 이어 대사간에 임명되었다. 그러던 중 이듬해 동생 임백령이 소윤들과 결탁하여 을사사화를 일으켰고, 임백령은 이 일을 모의하면서 자기 형에게 합류할 것을 권했다. 그러나 임억령은 오히려 동생을 만류했고 그가 듣지 않자 관직을 버리고 고향으로 돌아갔다. 이때 한강을 건너면서 동생에게 아래의 시를 지어주었다고 한다.

잘 있거라 한강수야	好在漢江水
고요히 흘러서 물결일랑 일지 마라	安流莫起波

『연려실기술燃藜室記述』권11

아우에게 평지풍파를 일으키지 말라고 당부하고 떠난 것이다.

다음 해 임억령은 다시 금산군수에 임명되는데 이때 임백령이 임억령을 원종공신록에 올리고 특차하여 예조판서에 임명하도록 했다. 그러자 그는 외진 곳으로 물러나 제문을 짓고 공신의 녹권을 불살라버렸다. 피를 나눈 형제와 화복을 함께하고 우애를 나누고 싶어하는 것은 인지상정이다. 그러나 그는 바른길을 가겠다는 자신의 신념을 지키기 위해서라면, 형제의 정도 끊을 수 있는 사람이었다. 풍류 시인으로 잘 알려진 그가 의외로 강직한 성품을 지녔음을 알 수 있다.

임억령의 생애와 환로를 살펴보면 그는 강직하기도 하거니와 자잘한 세상일에 큰 관심이 없었던 것으로 보인다. 소년 시절의 스승이었던 은일 처사 임우리의 영향도 있었을 것이고 호방한 기질 때문이기도 할 것이다. 그는 벼슬살이를 하는 동안 청요직을 비롯한 여러 관직을 거쳤는데, 사직하고 고향으로 물러간 것이 여러 번이었다. 몸은 벼슬살이에 매여 있으면서도 마음은 늘 벼슬의 굴레를 벗어나 산림으로 달려갔던 것, 그것이 임억령과 이황이 통할 수 있었던 또 하나의 접점이 아니었을까?

임억령과 이황의 만남은 같은 시기 삼사三司에 재직하면서 이뤄졌던 듯하다. 1539년(중종 34) 44세의 임억령은 홍문관 교리(정5품)에, 39세의 이황은 홍문관 수찬(정6품)에 임명되었으며, 이후 3년여 동안 두 사람 모두 삼사의 청요직을 두루 거치며 승진의 길을 걸었다. 그 시기에 두 사람이 가까이 지내면서 교분이 두터워졌을 것이다.

1542년 4월, 임억령은 선위사宣慰使로 임명되어 일본 사신을 영접하게 된다. 이때 영남으로 가는데 당시 일본 사신이 조금 늦게 도착한 모양이다. 영접하러 가는 길에 사신이 아직 오지 않았다는 소식을 들은 그는 일정을 약간 바꿔 경상남도 합천 해인사가 있는 가야산伽倻山으로 놀러 갔다. 이 유람에서 여러 편의 시를 지었는데, 이후 이황이 그의 집을 방문하여 이 시를 보았고 집에 돌아와 차운시를 지어 보냈다. 다음은 그 차운시 가운데 한 수다.

사신 임무 여기에 높은 산을 찾으셨으니	星軺餘事訪雲巒
푸른 봉우리 붉은 벼랑이 소매 속에 있구려	碧嶂丹崖在袖間
읽고 나니 사람 마음을 더욱 서글프게 해	讀罷令人倍惆悵
밤중에 꿈속에서 천 봉우리를 맴돌았다오	夜來歸夢繞千山

『퇴계집 속집』 권1

　사신 접대의 임무를 맡은 임억령이 마침 한가한 틈이 생겨 가야산을 유람했고 그 풍경을 시로 썼다. 가야산을 읊은 시의 묘사가 아주 생생해 마치 푸른 봉우리와 붉은 바위 벼랑이 소매 속에 넣은 시편에 모두 들어 있는 것 같다고 했다. 그래서 그 시를 읽은 이황은 집에 돌아와서 임억령과 함께 유람하지 못한 게 아쉬워 마음이 더욱 서글퍼졌고, 그래서 그날 밤 꿈속에서 임억령의 시에 그려놓은 산들을 찾아다녔다고 한 것이다.

　임억령의 시는 이황뿐만 아니라 많은 사람을 감탄하게 하는 힘과 맛이 있었다. 그는 사람됨이 소탈하고 자유분방했으며 시의 풍격은 웅장하고 호방했다. 1553년(명종 8), 임억령이 이황의 집을 찾아가 시에 대해 논했는데, 『퇴계집』에는 이날의 기쁨을 노래한 이황의 시가 전한다. 그 시의 일부를 감상해보자.

겨울이라 세모에 가까워	玄冬逼歲除
짧은 해는 서쪽으로 기울 제	急景馳西沒

시름겨워 외진 거리에 누운 채	愁人臥窮巷
병든 몸 적막하게 지내노라니	寂寞抱沈疾
예전에 오던 사람들 오지 않아	舊來人不來
문 앞에는 참새 그물을 칠 지경	門前雀羅設
어이 알았으랴 쓸쓸한 사립 두드려	寧知打寒扉
뜻밖에도 장자께서 찾아오실 줄	忽枉長者轍
베개 밀치고 일어나 반겨 맞아	推枕起迎笑
앉아서 담장 아래 쌓인 눈 보네	坐對墻陰雪
안부를 묻고 다른 말 미처 못하고	寒暄未及他
무엇보다 먼저 병세를 물으시네	說病乃第一
비록 살찌고 여윈 몸 서로 다르지만	雖云異肥瘦
두 사람 건강이 큰 차이는 없구려	不大殊健劣
노년에도 얼굴은 늙지 않으셨고	百年舊朱顔
새로 흰 머리털만 많이 늘었구려	千丈新素髮
마음 열고 그의 말을 듣고 있자니	開懷聽其言
기운 왕성하고 어찌 그리 탁 트였는지	矍鑠何恢豁
시 배움은 두보와 이백 따르고	學詩追甫白
도 배움은 장자와 열자 흠모해	學道慕莊列
때때로 뛰어난 시구를 읊는 탓에	往往誦傑句
조물주에게 괴롭힘을 당하기도 하지	掀簸困造物

『퇴계집 별집』권1

섣달그믐이 가까운 추운 겨울, 인적 끊긴 집에서 쓸쓸히 병석에 누워 지내던 이황은 뜻밖에 찾아온 임억령을 보고 얼마나 반가웠겠는가. 고담준론을 나누며 적적하던 마음에 큰 위로가 되었으리라.

　'참새 그물'은 한나라 적공翟公이란 사람의 고사에서 온 말이다. 적공이 높은 벼슬인 정위廷尉로 있을 때는 빈객이 문에 가득하더니 관직에서 축출되자 문밖에 참새 그물을 펼 만큼 썰렁했는데, 그 후 그가 다시 정위가 됨에 사람들이 몰려들었다. 이에 적공이 문에 큰 글씨로 적기를 "한 번 죽고 한 번 삶에서 벗의 우정을 알 수 있고 한 번 빈한하고 한 번 부유함에서 벗의 태도를 알 수 있고 한 번 귀하고 한 번 천함에서 벗의 우정이 드러난다"고 했다고 한다.

　'조물주에게 괴롭힘을 당했다'는 말은 임억령이 시를 잘 지어 조물주가 만들어놓은 사물을 무척 핍진하게 묘사한 탓에 조물주의 미움을 받아서 세상의 풍파를 겪었다고 한 것이다. 당나라 때의 시인 두심언杜審言이 병이 깊었을 때 송지문宋之問, 무평일武平一 등이 문병을 오자, 그가 대답하기를 "조물주 아이놈에게 몹시 괴롭힘을 당하고 있으니, 더 무슨 말을 하겠는가甚爲造化小兒相苦 尙何言"라고 했다.

　그때 임억령은 58세였으니, 그 당시로는 노인이라 할 나이였다. 위 시에서 '확삭矍鑠'은 노인이면서도 눈빛이 빛나고 정신이 건강하며 기운이 왕성함을 뜻하는 말이다. 후한의 명장 복파장군伏波將軍 마원馬援이 62세의 노령으로 다시 전쟁터에 나가려고 하자 임금이 연로한 나이임을 염려하여 윤허하지 않았다. 마원이 갑옷을 입고 말에 올라서 가볍게 몸을 놀리니, 임금이 "확삭하도다, 이 늙은이여矍鑠哉 是翁也"라고 했다. 병치레가 잦았던 이황에 비해 임억령은 기력이 좋은 노인이었다. 그래서 왕성한 기운으로 시에 대해 거침없이 말하는 그의 모습을 보며 이황은 마음이 탁 트임을 느낀 것이다.

    이 시에서 이황은 임억령에 대해 '시는 두보와 이백을 따르고 도는 장자와 열자를 흠모한다'고 평가한다. 임억령이 박상의 문하에서 배울 적에 박상은 그에게 『장자』를 가르쳤다고 한다. 『기재잡기寄齋雜記』[10]에 당시의 일화가 전하는데 박상이 임억령에게 『장자』를 가르치며 "너는 반드시 문장가가 될 것이다"라고 했다고 한다. 함께 수학하던 임백령에게는 『논어』를 가르쳤다고 하니, 임억령의 기질과 문재에 『장자』가 잘 맞는다고 판단했던 것이다.

    전라남도 담양에 가면, 임억령이 치사致仕하고 고향에 돌아갔을 때 그의 사위인 서하당棲霞堂 김성원金成遠이 그를 위해 지어준 식영정息影亭이라는 정자가 있다. 식영정은 그림자를 쉬는 정자라는 뜻이다. 임억령이 지은 「식영정기」에는 과연 『장자』의 의취意趣가 분분하다.

> 김군金君 강숙剛叔은 나의 벗이다. 그가 창계蒼溪가, 소나무 아래 산기슭한 곳을 얻어 작은 정자를 지었는데 각 모퉁이에 기둥을 세우고 가운데는 비워두고 띠풀로 이엉을 얹고 대나무를 엮어서 날개처럼 처마에 잇대어놓으니 멀리서 바라보면 깃털 일산을 씌운 그림배와 같다. 이 정자를 선생이 휴식하는 곳으로 삼고 선생에게 그 이름을 지어줄 것을 청했다.

선생이 말했다. "너는 장자의 말을 들어보았느냐? 옛날에 그림자를 두려워하는 사람이 있어 그림자를 피하려고 햇빛 아래로 도망쳤는데 아무리 빨리 달려도 그림자는 끝내 그치지 않더니만 나무 그늘 아래로 가자 홀연 그림자가 보이지 않았다고 했다. 대저 그림자라는 것은 오로지 사람의 형체를 따르니, 사람이 고개를 숙이면 그림자도 고개를 숙이고 사람이 고개를 치켜들면 그림자도 고개를 치켜들며, 그 밖의 왕래와 행동거지를 오로지 형체가 하는 대로 따른다. 그러나 그늘과 밤에는 없어지고 불빛과 낮에는 살아나니, 사람이 이 세상에 사는 것도 이와 마찬가지다. 그래서 옛말에 '몽환포영夢幻泡影'이라 했다. 사람이 태어날 때 조물주에게서 형체를 받으니, 조물주가 사람을 부리는 것이 어찌 형체가 그림자를 부리는 것 정도에 그치겠는가. 그림자가 천변만화하는 것은 형체의 처분에 달려 있고 사람이 천변만화하는 것은 조물주의 처분에 달려 있으니, 사람이 된 자는 응당 조물주의 부림에 따라야 한다. 나에게 무슨 간여할 것이 있겠는가. 아침에 부유하다가 저녁에 가난해지고 예전에 존귀하다가 지금에 빈천해지는 것이 모두 조물주의 '풀무와 망치爐錘'에서 만들어지는 일이다. 나의 일신으로 본다면 예전에 높은 관을 쓰고 큰 띠를 띠고 금마문金馬門·옥당玉堂을 출입한 것과 지금은 죽장 망혜 차림으로 푸른 솔, 흰 바윗돌 사이를 소요하는 것과 호사스런 관직을 버리고 빈한한 생활을 달게 받아들이는 것과 조정의 고관대작들과 교유를 끊고 고라니와 사슴을 벗하는 것, 이 모두 그 무엇이 그 사이에서 장난을 쳐서 그렇게 되는데도 내가 스스로 알지 못하고 있으니, 이에 대해 무슨 기뻐하고 성낼 것이 있으리오."

강숙이 말했다. "그림자는 진실로 자기 마음대로 할 수 없지만 선생은 굴신이 자신에게 달렸으니, 세상의 버림을 받은 것이 아닙니다. 그런데 밝은 시대를 만났으면서도 재능을 숨기고 자취를 감추는 것은 지나치게 과단한 것이 아닌지요?"

선생이 응답했다. "흐름을 타면 가고 구덩이를 만나면 그치는 법이니, 가고 그치는 것은 사람이 어떻게 할 수 있는 것이 아니다. 내가 산림에 들어온 것은 하늘의 뜻이다. 단지 그림자를 쉴 뿐만 아니라 나는 서늘한 바람을 타고 하늘을 날아 조물주와 벗이 되어 대황大荒의 들판에 노닐고 도영倒影 속으로 사라지면 사람들이 우러러보고 무어라 가리켜 말할 수 없을 터이니, '식영息影'으로 이름하는 것이 좋지 않겠는가."

강숙이 말했다. "이제야 선생의 뜻을 알았습니다. 이 말씀을 적어서 기문記文으로 삼겠습니다."

계해년(1563) 7월 하의도인荷衣道人은 쓰다.

이 글은 임억령이 68세 되던 해 7월에 지은 것이다. 그는 62세에 담양부사로 부임했는데, 이때부터 담양은 그에게 귀거래의 공간이 되었다. 그가 을사사화로 벼슬에서 물러났을 때 주로 이 식영정이 있는 담양 성산동에 살았으며, 64세로 치사한 뒤에도 오래도록 머물러 살았다. 또한 이곳은 임억령의 둘째 부인이 거주하던 곳이기도 했다.

임억령은 『장자』를 자주 읽었다고 한다. 그래서인지 이 정자의 이

식영정. 전라남도 담양군 남면 지곡리에 있다.

름인 '식영'도 『장자』에서 따왔다. 그러나 이 사실만 가지고 대뜸 그가 노장의 정신세계만을 지향했다고 보기는 어렵다. 오히려 『장자』의 의사意思를 써서 이 정자를 무대로 한 풍류와 은일의 정신을 잘 표현했다고 봐야 할 것이다. 『장자』에서 '식영'은 갖은 곤욕을 치르며 천하를 주유하는 공자에게 은자인 어부가 충고하는 말 가운데 나온다. 여기서 어부는 인의仁義를 가식적인 것으로 보고 자신의 참된 본성을 지킬 것을 주장한다. 즉 무위無爲의 삶을 중시한 것이라고 할 수 있다.

동양학에서 무위는 노장의 무위자연에 국한된 것은 아니다. 유교와 불교에서도 무위의 삶을 가장 이상적인 삶으로 인식하고 있었으니, 무위는 한문 문화권에서 추구한 공통의 가치였던 것이다. 다만 그 무위의 내용과 무위를 실현하는 방법에서 차이가 있었다. 노장과 불교가 현실에 적극 참여하는 것을 꺼리며 되도록 현실을 떠난 자리에서 자기 본성을 지킴으로써 무위를 실천하고자 했다면, 유교는 현실을 떠나지 않은 자리에서 무위를 실천하고자 했다는 점에서 다를 뿐이다.

옛 선비들은 출出·처處의 도리를 중시했다. 출은 세상에 나가서 벼슬하는 것이고 처는 세상에 나가지 않고 제자리를 지키는 것이다. 출·처의 관점에서 본다면 노장과 불교는 어디까지나 처의 자리에 서서 현실로부터 저만큼 비껴 앉아서 무위의 삶을 살고자 했다고 할 수 있다. 유교에서는 공자가 안연顔淵에게 이르기를 "쓰이면 나가서 도를 행하고, 버림을 받으면 물러나 숨는 것을 오직 나와 네가 그렇게 할 뿐이다 用之則行 舍之則藏 惟我與爾有是夫"라고 하여, 용사행장用捨行藏을 말한 이래

멀리서 바라본 식영정.

로 출함 직하면 출하고 처함 직하면 처해야 한다고 주장했다. 즉 출·처 어디에도 집착하지 않고 세상 속에서 무위의 삶을 살고자 했던 것이다.

위 글에서 임억령은 과거 높은 벼슬에 있었던 것이나 현재 초야에 묻혀 사는 것이나 모두 조물주의 처분에 맡기고 자신은 전혀 간여하지 않겠다고 함으로써 출과 처 어디에도 연연하지 않겠다는 뜻을 나타냈다. 그렇지만 기실 그는 자신이 살고 있는 세상을 처함 직한 것으로 인식했다. 그래서 그는 '단지 그림자를 쉴 뿐만 아니라 나는 서늘한 바람을 타고 조물주와 벗이 되어 대황의 들판에 노닐 것이다. 그렇게 되면 도영倒影 속으로 사라져 사람들이 우러러보고 무어라 가리켜 말할 수 없을 터'라고 하여, 출에서는 실현할 수 없는 무위의 삶을 처에서 완성하겠다고 했다. 임억령은 자신의 이러한 정신의 지향을 『장자』의 식영을 통해 표현한 것이다.

'몽환포영'은 『금강경金剛經』에 "일체의 모든 현상은 꿈과 허깨비, 물거품, 그림자와 같으며, 이슬과도 같고 번갯불 같으니 응당 이와 같이 봐야 한다一切有爲法 如夢幻泡影 如露亦如電 應作如是觀"라고 한 데서 온 말이다. '서늘한 바람을 타고 하늘을 난다'는 것은 『장자』「소요유逍遙遊」에 "열자는 바람을 타고 시원스레 잘 날아가서 15일이 된 뒤에 돌아왔다夫列子御風而行 泠然善也 旬有五日而後反"고 한 데서 온 말이다. '대황'은 『산해경』「대황동경大荒東經」에 "동해 밖에 대황 중에 산이 있으니 이름이 대언으로 해와 달이 나오는 곳이다東海之外 大荒之中 有山 名曰大言 日月所出"에서 온 것이다.

'도영'은 소식의 「조주한문공묘비潮州韓文公廟碑」에 "이백, 두보와 어울려서 함께 비상했으니 장적張籍과 황보식皇甫湜을 땀 흘리며 달리다 넘어지게 해, 도영 속으로 사라져 바라볼 수도 없게 했네追逐李杜參翱翔 汗流籍湜走且僵 滅沒倒景不可望"라는 구절이 보인다. 한유韓愈의 문장이 무척 뛰어나 장적, 황보식과 같은 문장가들은 까마득히 바라볼 수도 없다고 한 것이다. 그런데 도영은 원래 『사기』「사마상여열전司馬相如列傳」에 나오는 말로 하늘 위 가장 높은 곳을 가리킨다. 이곳에서는 해와 달의 빛이 반대로 아래에서 위로 비치기 때문에 이곳에서 아래로 해와 달을 보면 그 그림자가 모두 뒤집혀 아래로 비치기 때문에 이렇게 부른 것이다. 따라서 이곳으로 들어가면 햇빛의 영향권을 아주 벗어나므로 세상에서 늘 따라다니던 그림자가 자취를 감출 수밖에 없다. 즉 도영은 처의 극점을 상징하는 것이라 할 수 있다. 도영은 우리 마음에서 생각이 일어나는 자리에 비유될 수도 있다. 생각이 일어나는 그 자리에 들어가 생각이 일어나는 것을 비추어본다면 생각의 구속에서 아주 벗어날 수 있는 것이다.

이처럼 전원에 은거하며 마음의 자유를 추구한 임억령의 처는 유자의 출처관을 벗어난 것이 아니면서 『장자』의 정신과도 기맥이 통한다. 그가 당대에 처사로 이름이 높았던 남명 조식, 청송 성수침 등과 깊이 교유했던 것도 그들과 취향이 같았기 때문이었다. 기본적으로 유자의 출처관을 지녔으면서 자신이 사는 세상을 처함 직한 것으로 인식해, 처에 치중하여 노장풍의 은일한 멋을 풍기는, 유선儒仙의 삶을 추구하는 것이 임억령과 같은 당대 강호 지식인들의 풍조였다.

오늘날 사람들은 온통 출을 지향하는 도도한 물결 속에 휩쓸려가고 있다. 중국의 신화에 과보夸父라는 선인이 해를 좇아서 달리다가 목이 말라 죽었다고 한다. 자기 그림자가 무서워 피하는 자나 해를 좇아 무턱대고 달리는 자나 모두 허상에 사로잡힌 어리석은 사람인 줄 누구나 알겠지만, 과연 이 어리석음에서 벗어나 있는 사람은 누구인가. 자기 그림자를 피하지도 않고 해를 좇아 달리지도 않고 도영 속에 처함으로써 나도 안락하고 남도 안락하게 해주는, 임억령과 같은 은일의 지식인이 오늘날 꼭 필요하지 않겠는가.

하의도인은 임억령의 또 다른 호다. 하의荷衣는 연잎으로 만든 옷이라는 말로 은사의 옷을 뜻한다. 남조 송나라 공치규가 함께 은자생활을 하다가 벼슬길에 나선 주옹을 못마땅하게 여겨 지은「북산이문」에 "마름풀 옷을 불사르고 연잎옷을 찢어버리고 속진에 찌든 얼굴을 뻣뻣이 치켜들고서 속된 모습으로 마구 달려나갔네焚芰製而裂荷衣 抗塵容而走俗狀"라고 한 데서 왔다.

임억령은 식영정에 머물며 많은 유림과 시적 교유를 나누었다. 이러한 교유는 식영정 시단 혹은 성산星山 시단으로 알려져 있는데, 이때 활동했던 김성원, 제봉霽峯 고경명高敬命, 송강 정철 그리고 임억령을 아울러 '식영정 사선四仙'이라고 부르기도 한다.

이처럼 임억령은 시로 인정받긴 했으나 소탈하고 자유로운 기질을 지닌 터라 일을 꼼꼼하게 처리하거나 행동을 잘 검속하지는 못했던 것

같다. 위에서 언급했듯이 선위사로 있을 때에도 일본 사신이 가져온 은을 자의로 처리한 일로 파직되었고, 1554년(명종 9) 강원도 관찰사가 되었을 때도 직무를 제대로 돌보지 않는다는 이유로 체직되었다. 『명종실록』 기사에서 사신은 "임억령은 성품과 도량이 넓고 문장 짓는 것에 뛰어나다. 그러나 사무에는 소홀하니 관직을 맡는 것은 그가 잘하는 분야가 아니다. 물의를 초래한 것이 당연하다"고 평했다. 이 평이 임억령의 사람됨과 그에 대한 당시의 인식을 잘 보여준다 하겠다.

1553년 3월 이황은 전라도 장흥군수에서 파직된 임억령의 집을 방문한다. 그가 언제 장흥군수에 임명되고 어떤 이유로 물러났는지는 실록의 기사에서 확인할 수 없다. 이황은 얽매인 데 없고 영화나 이익에 집착하지 않는 그의 성격을 알았는지라 파직되어 집에 있는 그의 심정을 다음과 같은 시로 읊었다.

임대수林大樹를 방문하여

임시로 얽은 낮은 처마에 화훼가 정갈하고	假架低簷淨花卉
정면에는 높은 산 푸른 봉우리가 우뚝하여라	高山當面碧嵯峨
주인은 시은을 해도 호은과 다름이 없으니	主人市隱同壺隱
파직되어 남쪽에 돌아와도 유감이 많진 않다네	休罷南歸恨未多

장흥군수에서 파직된 것을 유감스럽게 여기지 않음을 말한 것이다.

이 시에서 이황은 임억령을 '시은市隱'이요 또한 '호은壺隱'이라고 평가한다. '시은'은 산림 속이 아니라 사람들이 북적거리는 저잣거리에 은거함을 말한다. 여기서는 임억령이 벼슬하여 성시城市에 살면서도 늘 은사의 마음을 지녔음을 비유한 것이다. 즉 마음이 진정으로 세상으로부터 초탈해 있다면 어떤 곳에 머물러도 은사와 같을 수 있다는 것이다. 게다가 임억령이 사는 집은 그림 같은 푸른 산이 앞에 있어 '호은'이기도 함에랴. 호은은 호리병 속에 은거한다는 말로, 경치가 좋은 별천지에 사는 것을 이른다. 후한 때 한 노인이 여남汝南의 시중市中에서 약을 팔았는데 밤이면 가게 머리에 매달린 호리병 속으로 뛰어 들어가곤 했다. 비장방費長房이라는 사람이 그 노인이 이인異人인 줄 알고서 찾아뵙고 노인을 따라 함께 그 호리병 속에 들어가 보니, 화려한 집에 좋은 술과 안주가 가득했다는 고사에서 온 말이다. 즉 경치가 좋은 별천지를 뜻하는 말로 쓰인다. 임억령은 시은이지만 또한 호은과 다를 바 없으므로, 그까짓 장흥군수를 그만두어도 아쉬울 게 없다고 이황은 시로써 위로했다.

이처럼 이황과 임억령은 기질이 무척 달랐지만 서로를 알아주고 이해함으로써 벗으로서의 교분을 나눌 수 있었던 것이다.

|5| 퇴계와 깊은 교분을 나눈 풍영정 주인
- 칠계 김언거

김언거金彦琚(1503~1584)는 본관이 광산光山, 자가 계진季珍, 호가 칠계漆溪·풍영豐詠·관포당灌圃堂이다. 1503년(연산군 9) 전라도 광주에서 태어났다. 1525년(중종 20) 사마시에 합격하고, 1531년 문과에 급제해 이듬해 예조좌랑 및 사간원 정언에 제수되었다. 1542년에는 낭관을 지내다가 체직되었고, 1545년에는 금산군수에서 사헌부 장령이 되었으며, 1546년(명종 1)에는 상주목사가 되었다. 1550년에 통정通政, 응교應敎를 거쳐 1553년에는 연안부사가 되었고, 1555년에 홍문관 교리에 임명되었으나 체직되었고 1557년에 승문원 판교에 올랐으며, 1560년 치사했다.

김언거가 쓴 시문은 임진왜란 때 거의 소실되고, 그의 행적에 대한 기록 또한 대부분 유실되어 그의 삶의 자취나 사람됨을 자세히 살펴볼 수는 없다. 다만 그가 오랜 시간 관직생활을 했던 만큼 실록에서 이따금 그의 이름을 발견할 수 있는데, 사관의 평가는 그에게 전혀 호의적이지 않다. 헌납에 제수되었을 때나 홍문관 교리에 제수되었을 때 간언이 체직할 것을 건의한 일이 있었는데, 그 이유에 대하여 사관은 '그가 권력자, 예컨대 임백령 등에게 붙어 사림을 모함하고 해쳤기 때문'이라고 기술하고 있다. 오늘날에 와서 사관의 기록을 그대로 믿어야 할

지는 판단하기 어려우나, 어쨌든 그는 생전에 이황을 비롯한 여러 명망 있는 사림과 교유했으며, 그의 풍영정風詠亭에 시를 남긴 사람은 그 수가 많을 뿐만 아니라 지역이나 출신 등이 매우 다양하다.

풍영정은 김언거가 지은 정자로, 광주광역시 광산구 신창동 극락강변에 지금도 그 모습 그대로 있다. 그가 언제 이 정자를 지었는지는 분명치 않으나, 송순이 풍영정에서 지은 시가 1543년 작품으로 되어 있는 것을 보면 적어도 이때에는 풍영정이 있었을 것으로 추정된다. 풍영정에 시를 남긴 사람은 송인수宋麟壽, 김인후, 송순, 신잠申潛, 이사필李士弼, 노세양蘇世讓, 임억령, 신광한, 정사룡鄭士龍, 송흠宋欽, 주세붕, 기대승, 유희춘, 정유길鄭惟吉, 고경명 등인데, 이 가운데는 호남 인사 외에 외부 인사도 많이 포함되어 있다. 외부 인사들은 김언거가 관직에 있으면서 교유한 인물들로, 대개 풍영정에 직접 가보지 않고서 풍영정 시첩을 보고 차운했다. 이황도 그중 한 명이다.

이황과 김언거가 언제 처음 만났는지는 알 수 없다. 다만 풍영정 시첩에 쓴 이황의 발문을 통해 대강의 시기를 짐작해볼 뿐이다. 다음은 1548년(명종 3)에 쓴 이황의 발문이다. 이때 이황은 단양군수로 있었고 김언거는 상주목사로 있었다.

나의 벗 김계진金季珍(김언거의 자) 군은 예전에 서울에서 나와 같은 마을에 세 들어 살았었다. 그가 나에게 "내가 예전에 광주의 칠수漆水 가에 살 때, 물을 굽어보는 자리에 정자를 짓고 '풍영風詠'이라고 이름하여 나의 뜻을 붙였다네"라고 하면서 여러 사람이 지은 시를 보여주었다. 이에 나도 이어서 화운하고, 이 일로 인해 우리 계진의 즐거움이 어디에 있는지를 알았다.

지난해 계진이 상주목사로 나가게 되었는데, 그 고을 소재지에도 '풍영루風詠樓'가 있었으니, 그 이름이 우연히도 계진의 집에 있는 정자와 같았다. 내가 마음으로 기이하게 여겼었다. 그런데 어제 계진이 단양에 있는 나에게 안부 편지를 보내오고 시첩 하나도 함께 부쳐왔기에 뜯어서 읽어보니 주경유周景遊(주세붕의 자) 군이 놀러 와서 이 일을 읊고 또 스스로 발문을 지은 것을 상사上舍 황기로黃耆老가 쓴 것이었다. 시첩의 작품들은 훌륭하고 그 글씨는 찬연粲然하니, 풍영風詠의 즐거움과 계진의 뜻을 경유景遊의 발문에서 다 말했고 상사의 글씨는 더욱 보배롭다. 그런데 나에게 무엇을 더 기대할 게 있겠는가.

비록 그렇지만 풍영이란 이름이 살던 집의 정자와 다스리는 고을의 누각에서 우연히 합치한 것은 하늘의 뜻이고 즐거움이 자기가 실제로 얻어서 남에까지 미치는 것은 사람이 하는 일이다. 군자는 하늘의 뜻으로 얻어져 우연히 합치한 것을 다행으로 여기지 않고 반드시 자기가 실제로 얻어서 남에까지 미치는 것을 귀하게 여긴다.

증점曾點은 성인의 문하에 와서 공부하여 성인의 가르침을 받았으니, 도道가 무엇인지는 그 대의大意를 환히 보았을 것이다. 그러나 행동이 말에 미치지 못하여 끝내는 광자狂者가 되고 말았다.

따라서 도는 쉽게 말할 수 없음이 이와 같고 즐거움은 실제로 얻기 어려

풍영정. 광주광역시 광산구 신창동에 있다.

움이 이와 같다. 하물며 온 나라의 백성을 한 사람도 빠짐없이 춘풍화기春風和氣 같은 덕화德化 속에서 생육하게 하는 것은 박시제중博施濟衆의 지극한 공효이니, 이는 요순과 같은 성인도 스스로 부족하다 여기신 것이다. 어찌 경솔하게 말할 수 있겠는가.

이름만 얻는 데 힘쓰고 실질을 얻는 데 힘쓰지 않는 것은 우리가 부끄러워하는 바다. 계진이 어찌 이름만 좇으려 할 뿐이겠으며, 경유가 어찌 구차하게 말을 크게 하여 칭찬했을 뿐이겠는가. 계진의 뜻은 이름을 통해 그 실질을 구하려는 것이며, 경유의 말은 공효를 지극히 말하여 실효를 거두게 하려는 것임을 나는 안다. 그렇다면 풍영의 즐거움을 얻고자 하는 이는 무엇에 종사해야겠는가. 마땅히 극기복례克己復禮로부터 시작해야 할 것이다.

『퇴계집』 권43

서울에 와 한 동네에 세 들어 살면서 알게 된 인연을 말하고, 풍영정 시첩에 관한 이야기를 서술한 것이다. '바람 쐬고 노래한다'는 말인 '풍영風詠'은 『논어』 「선진先進」 편에서 유래했다. 공자가 제자들에게 "사람들이 너희를 알아준다면 어떻게 하겠느냐?"고 각자의 생각을 묻자, 다른 제자들은 저마다 자신들의 정치적인 포부를 밝혔는데, 증점은 "늦봄에 봄옷이 다 만들어지면 어른 대여섯, 동자 예닐곱과 함께 기수沂水에서 목욕하고 무우舞雩에서 바람을 쐬고風乎舞雩 노래하면서 돌아오겠습니다詠而歸"라고 답했다. 공자는 이러한 증점의 대답을 듣고 흡족

해했다.

주자는 이에 대해 "증점의 학문은 인욕人欲이 다한 곳에 천리天理가 유행流行하여 모든 곳에 충만하여 조금도 흠궐欠闕이 없음을 보았다. 그러므로 포부를 말한 것이 자기가 처한 자리에서 일상생활의 즐거움을 누릴 뿐 애초에 자기를 버리고 남에게 잘 보이려는 뜻이 없다. 그래서 가슴속이 유연하여 곧바로 천지만물과 위아래로 함께 어우러져서 저마다 제자리를 얻는 오묘한 이치가 은연중 말 밖으로 드러난다"고 했다. 증점의 말에는 만물이 저마다 제자리에서 본성을 이루며 사는 속에서 유유자적할 뿐 세상에 구하는 게 없다는 뜻을 담고 있다. 이것이 바로 천리가 유행하는 속에서 개아個我의 개입이 없어 자연과 인간이 합일한 모습을 표현하고 있는 것이다. 이것이 바로 성인인 요순의 기상이라고 정이천程伊川은 말했다.

'광자'란 뜻이 몹시 크지만 행동은 따라주지 못하는 사람이다. 맹자는 증점이 바로 공자가 말한 광자라고 했다. '박시제중'은 "백성에게 은혜를 널리 베풀어 많은 사람을 구제한다"는 말인데, 공자는 성인의 경지이며 요순 같은 성인도 이에 대해서는 스스로 부족하다고 여길 것이라고 했다. '극기복례'는 공자가 제자 안회에게 한 말로 자기 사욕을 이기고 예로 돌아간다는 뜻이다. 위 글을 보면, 아마 주세붕이 풍영정 시첩의 발문에서 풍영의 뜻을 넓혀서, 김언거가 상주목사로 있으면서 백성에게 춘풍화기 같은 덕화를 베풀 것이라고 했으리라 짐작된다. 그리하여 이황은 그것은 박시제중과 같은 지극히 큰일이니, 그러한 실효를 거두려면 먼저 극기복례와 같은 자기 사욕을 이기는 공부에서 출발해야 한다고 이른 것이다.

　김언거가 풍영이라는 이름을 자기 정자에 걸어놓고 실천이 뒤따르지 못한다면 광자일 뿐이라고 지적하면서 풍영이라는 이름을 말미암아 노력하여 그 실효를 거두라고 이황은 권면했다. 이황이 벗에게 주는 글에는 이러한 권면의 내용이 담겨 있곤 하다. 실속 없는 칭찬만 하는 것이 아니라 벗에게 진정한 도움을 주려 했던 것이다. 이런 면에서 이황은 어디까지나 학문의 길을 걷는 학자의 본분을 잃지 않았다.

　위 글에서 서술한바, 이황과 김언거는 1546년 이전에 한 마을에서 살았던 적이 있는 듯하다. 이후 김언거는 상주목사로 나가고, 2년 뒤인 1548년 1월에 이황은 단양군수로 나가는데, 같은 해 11월에 이황이 풍기군수에 임명되면서 두 사람은 다시 가까운 곳에서 왕래할 수 있게 되었다.

　1549년 풍기로 부임하던 길에 이황이 상주를 찾았는데, 공교롭게도 김언거는 고향에 가서 없고 그곳에는 김언거 고향의 풍영정과 같은 이름의 풍영루가 있었다. 이황은 김언거를 그리워하면서 시 한 수를 읊었다.

풍영루 시에 차운하다

　내가 찾아왔는데 그대는 없고　　我來君不在

성곽에 달빛만이 환히 밝구나	城郭月猶明
꿈길에 산이 겹겹 가로막았고	夢裏山重阻
시름겨운데 풀은 돋으려 하누나	愁邊草欲生
추위 남아 봄은 아직도 쌀쌀하고	餘寒春尙峭
병든 몸인데 밤은 외려 맑구나	病骨夜還淸
풍영루 시에 자세히 화운하노니	細和州樓句
그대의 정자 이름도 풍영이었지	家亭賞共名

『퇴계집 속집』 권2

　벗을 찾아 왔는데 벗은 없고 성곽에 달빛만 환히 비친다. 한시에서 달빛은 두보가 이백을 그리워하며 지은 「몽이백夢李白」이라는 시에서 "지는 달빛이 용마루에 가득하니, 외려 그대 얼굴을 보는가 하여라 落月滿屋樑 猶疑見顏色"라고 노래한 이후로 벗의 얼굴을 상상한다는 이미지를 담고 있다. '꿈길에 산이 겹겹 가로막았다'는 것은 「몽이백」의 "벗이 내 꿈속에 들어오니 내가 늘 그리워함이 분명하구나. 아마도 평소의 넋이 아닌 듯한데 길이 멀어 알 수가 없어라 故人入我夢 明我長相憶 恐非平生魂 路遠不可測"를 인용했다. 여기에는 『한비자』에 나오는 고사가 들어 있다. 육국六國 때 친구인 장민張敏과 고혜高惠 두 사람이 늘 서로 그리워했으나 만날 수 없었다. 이에 장민이 꿈속에 찾아가다가 무척 멀어 중도에 길을 잃어 돌아오고 말았다는 것이다. 육국은 소위 전국칠웅戰國七雄 중 진秦나라를 뺀 여섯 나라를 가리키는 말로 전국시대를 뜻한다. 이황이 꿈길에 김언거의 고향으로 찾아가려고 했지만 산이 첩첩 막혀서 갈 수 없었다고 한 것이다. 실제로 그런 꿈을 꾼 것이 아니라 그만큼 김언거를 그리워한다는 뜻을 드러낸 것이다.

'시름겨운데 풀은 돋으려 한다'는 것은 두보의 「시름愁」에 "강가의 풀은 날마다 시름을 부르며 돋아난다江草日日喚愁生"는 구절을 차용한 것으로, 벗이 없는 풍영루에서 쓸쓸한 심정을 표현한 것이다.

이 시를 비롯해 『퇴계집』에는 풍기군수 이황이 상주목사 김언거에게 보낸 시가 여러 편 실려 있다. 가까운 거리에 살게 되어 왕래하기가 수월해졌기 때문일 것이다. 두 사람은 얼마 뒤 멀리 떨어져 살다가 1552년에 다시 서울에서 만난다.

> 지난 무신년(1548) 내가 단양 군재郡齋에서 요양하고 있을 때 광산 김계진은 상주목사로 있었다. 그가 관포灌圃 어공魚公이 자기를 위해 지어준 풍영정 시 두 절구를 부쳐오면서 나에게 화운해달라고 하기에 내가 감히 사양할 수 없었다. 그 후 5년이 지나고 오늘 계진을 서울에서 만나게 되었다. 계진이 다시 이 서첩을 보여주었는데, 뒤에 그 시에 부쳐서 화운한 자가 무려 수십여 인으로, 모두 당대 최고의 문장들이었으니, 성대하도다! 독실히 좋아하는 그대가 아니면 어떻게 이처럼 많은 시를 모을 수 있었겠는가.
> 지난번 내가 지은 절구 4수는 비록 산수를 그리워하고 고향으로 돌아가고자 하는 탄식에서 나온 것이긴 하지만, 문장이 얕고 자획이 가벼워 내

마음에 몹시 들지 않았었다. 5년 동안에 그대와 내가 모두 한 번씩 고향에 돌아갔다가 다시 서울로 오게 되었으니, 세상일이 뜻대로 되지 않아서 칠수의 백구를 놀라게 하고 병산屛山의 학을 원망하게 한 것은 그대와 내가 똑같다. 그렇지만 병들고 쇠약하면서 떠나야 할 때 떠나지 못했고 예전의 학업은 더욱 황폐해지고 새로운 지식은 진보하지 못했다는 부끄러움은 내가 더 심하니, 늘 책을 어루만지면서 한숨을 쉬곤 한다. 하루는 계진이 와서 그 시첩을 찾아가려 하기에, 몇 마디 말을 그 시첩 말미에 적어 돌려보낸다.

『퇴계집』 권43

관포 어공은 어득강魚得江을 가리킨다. 그의 자는 자순子舜 또는 자유子遊이고 호가 관포당灌圃堂 또는 혼돈산인混沌山人이다.

김언거와 이황이 꼭 들어맞은 부분은 벼슬을 버리고 고향에 돌아가 산수와 더불어 생을 보내고자 하는 마음이었을 것이다. 김언거가 풍영정을 짓고 시를 모았던 것도 그런 바람을 나타낸 것이리라. 이 마음을 알았기에 이황은 처음 풍영정 시에 화운할 때 '산수를 그리워하고 고향으로 돌아가고자 하는 탄식'을 표현했던 것이다. 그로부터 5년의 시간이 흐르는 동안 두 사람은 모두 한 번씩 그 바람에 가까워졌다. 그러나 결국 두 사람 모두 다시 고향을 떠나와 서울에서 만나게 된다. 두 사람이 한 번씩 고향을 떠나게 된 탓에 김언거의 고향에 있는 칠수의 백구는 놀라고 이황의 고향 근처 병산의 학은 원망하게 된 것이다.

백구가 놀란다는 말은 초야에 은거하여 백구와 벗하기로 한 맹서를 지키지 않았기 때문에 백구가 놀랐다는 뜻이다. 송宋나라 육유陸游의 「숙흥夙興」이라는 시에 "학의 원망은 누구를 의지해 풀거나. 갈매기와의 맹서 이미 변했을까 염려되네鶴怨憑誰解 鷗盟恐已寒"라고 했다. 학이 원망한다는 말은 공치규의 「북산이문」에서 주옹이 은자로 살다가 벼슬하러 떠난 것을 두고, "혜초 취장이 텅 비어 밤 학이 원망하고, 산인이 떠나가자 새벽 원숭이가 놀란다蕙帳空兮夜鶴怨 山人去兮曉猿驚"라고 한 데서 나왔다. 혜초 장막은 혜초라는 풀로 만든 휘장인데, 은자가 거처하는 방을 뜻한다.

이듬해 김언거가 연안부사로 나가게 되어 두 사람은 다시 떨어지는데, 이때 이황이 송별시를 써주었다. 그리고 한 해가 지났을 때, 이황은 여전히 서울에 머물러 있었는데 마침 예쁘게 핀 복사꽃을 보고는 벗에 대한 그리움을 시로 표현한다.

붉은 복사꽃 아래서 김계진을 그리며

꽃 아래서 술잔 멈추고 봄에 대해 묻는다네	花下停杯試問春
어디에서 왔다가 어느 물가로 가는지를	來從何處去何濱
해마다 마음껏 꽃 피우는 일 한다지만	縱然極意年芳事
즐겁게 하지 못하고 도리어 시름겹게 하는구나	不解娛人卻惱人

『퇴계집 별집』 권1

붉은 복사꽃 아래서 김계진에게 부치노라 두 수

꽃 심었던 병든 몸이 십 년 만에 돌아오니	栽花病客十年回
늙은 그 나무 나를 맞아 맘껏 꽃을 피웠네	樹老迎人盡意開
꽃에게 묻고 싶어도 꽃은 말을 아니하니	我欲問花花不語
슬프고 기쁜 세상만사 술잔에 부칠 수밖에	悲歡萬事付春杯
저녁 비는 부슬부슬 새소리는 슬픈데	晚雨廉纖鳥韻悲
온갖 꽃은 말없이 어지러이 떨어지네	千花無語浪辭枝
어느 누가 피리로 춘원 곡조 불어줄까	何人一笛吹春怨
방초 우거진 천애 저편에 끝없는 그리움	芳草天涯無限思

『퇴계집』권2

이 봄이 어디에서 와서 어디로 가는지 꽃에게 물어봐도 대답이 없다. 벗을 그리워하는 사람에게는 이 아름다운 봄꽃이 벗에 대한 그리움을 더하게 해 오히려 사람을 시름겹게 한다는 사실을 꽃은 모른다는 것이다. 봄의 풍경이 보이는 이 세 수의 시에서 김언거를 그리워하는 이황의 마음을 읽는 것은 어려운 일이 아니다. '어느 누가 피리로 춘원 곡조 불어줄까. 방초 우거진 천애天涯 저편에 끝없는 그리움'은 봄날에 그리워하는 벗을 만나지 못해 시름에 젖는 심정을 표현한 것이다. 연안부사로 가 있는 김언거가 그리워, 방초가 우거지는 봄날에 이황은 하늘

저편을 보며 하염없이 그리워하는 것이다.

　　말년에 두 사람은 젊은 시절의 바람대로 고향으로 돌아간다. 각자의 고향에 돌아감으로써 서로 영남과 호남에 떨어져 지내게 되지만 이후에도 두 사람의 교분은 계속 두텁게 유지된 듯하다. 기대승과 나눈 편지에서 이황이 김언거의 안부를 묻는 것이 몇 차례 보이고, 기대승을 통해 서로 편지를 주고받기도 했기 때문이다. 두 사람은 각자의 산수에 머물며 떨어져 지내면서도 끊임없이 서로의 안부를 확인하고 정을 나누었던 것이다.

|6| 존경하는 학자에게 대를 이어 정성을 다하다
- 행당 윤복과 그의 세 아들

윤복尹復(1512~1577)은 본관이 해남海南, 자가 원례元禮, 호가 석문石門 또는 행당杏堂이다. 1512년(중종 7) 전라도 해남에서 태어났다. 7세 때 큰형인 귤정橘亭 윤구尹衢에게 글을 배웠는데, 태도가 단정하고 머리가 명석해 많은 기대를 받았다고 한다. 23세(1534, 중종 29)에 생원이 되고, 27세(1538)에 문과에 급제해, 1547년(명종 2) 부안현감으로 부임해 백성을 구휼하는 데 힘을 다했다. 전라도 도사都事를 거쳐 1552년에는 낙안군수가 되었는데, 1555년 을묘왜변 때 성과 무기를 보수해 방비를 철저히 하여 왜구를 토벌하는 데 공을 세웠다. 이 일로 인해 당시 좌도방어사였던 남치근南致勤으로부터 "옛날의 명장들도 이보다 뛰어날 수 없을 것이다"라는 칭송을 받았다. 이후 한산군수, 광주목사, 선공감부정 등을 역임하고, 1565년(명종 20) 안동대도호부사로 부임했는데, 이때 예안에 거주하던 이황과 만나 처음 교유했다.

  윤복은 인사의 예물禮物을 들고 이황을 찾아뵈었는데, 그날은 마침 이황의 집에 제사가 있었다. 예물을 받을 때 우연히 품목을 확인하지 않았다가 저녁이 되어서 열어보니, 노루 고기와 전복 등의 물건이 있었다. 제삿날에 고기를 받는 것이 온당치 않다고 생각한 이황은 곧 편지와 함께 고기를 윤복에게 돌려보냈다. 그 편지가 『퇴계집』에 실려 있다.

어제 누추한 내 집에 찾아와주셨으니, 감사한 마음을 금할 길 없습니다. 길이 험한데 잘 돌아가셨는지요? 그중에 한 가지 살피지 못한 일이 있어 감히 말씀드리지 않을 수 없으니, 황공합니다.

예전에 기일忌日을 만났을 때 손님을 접대할 경우에는 스스로 생각하기를 '기일이라고 해서 소찬素饌으로 손님을 대접하는 것은 온당치 못하고, 손님이 주신 고기를 뒷날 먹으려고 남겨두는 것은 더욱 온당치 못하다'고 하여, 으레 감히 받지 않았습니다. 어제 예단을 받을 적에 미처 살피지 못했다가 저녁이 되어 그 안에 노루 고기와 전복 등의 물품이 있는 것을 알게 되었습니다. 만일 이미 받았다는 이유로 그냥 둔다면 그동안 제가 해온 관례가 일이 허사가 될 뿐만 아니라 훗날 다시 이런 말을 하기도 어려워질 터이기에 삼가 사람을 보내 이 두 물품을 돌려보냅니다. 저의 진심을 굽어 살피시어 괴이쩍게 여기지 않으실 거라 생각합니다. 그러나 황송한 심정 이길 길이 없습니다. 살펴주십시오. 이만 줄입니다.

『퇴계집』 권15

윤복은 존경하는 학자에게 정성을 다했고, 이황은 작은 일 하나도 법도에 어긋나지 않으려 노력했으니, 실로 오늘날 볼 수 없는 아름다운 일화다.

『행당유고杏堂遺稿』「행장」에 따르면, 안동부사로 있는 동안 윤복은 이황과 안부를 주고받으며 경전의 뜻을 토론하거나 시사時事를 토론했다고 한다. 그리고 이듬해 겨울에는 윤강중·흠중·단중 세 아들과 외조카 문위세를 이황에게 보내어 수학하게 했다. 수개월 뒤 이들이 돌아갈 때 이황은 윤복에게 다음과 같은 시를 지어 보냈다.

윤 안동尹安東에게 보내어 사례하다

주자의 박문博文과 약례約禮 두 가지 공부	朱門博約兩工程
모든 성인의 연원이 여기에 이르러 밝혀졌네	百聖淵源到此明
진중한 편지에는 극진한 가르침 담겨 있고	珍重手書留至敎
정미한 심법은 많은 영재를 깨우쳤지	精微心法發羣英
힘을 다해도 부질없이 머리만 희어 안타깝고	嗟余竭力空頭白
그대는 공을 거둬 저술을 이룬 데 감동했다오	感子收功已汗靑
게다가 자제들을 보내어 내게 배우게 했건만	更遣諸郞詢謦欬
병중이라 인정을 저버렸음을 깊이 알겠다오	病中深覺負仁情

『퇴계집 속집』 권2

'박문'과 '약례'는 『논어』의 "군자가 글을 널리 배우고 예로써 요약한다면 도에 어긋나지 않을 것이다君子博學於文 約之以禮 亦可以弗畔矣夫"라는 말에서 온 것으로, 글을 통해 지식을 넓히고 예를 통해 행동을 검속한다는 뜻이다. 말하자면 공부의 두 축, 지知와 행行의 방법을 보여준 것이다. 이는 본래 공자의 말인데, 지와 행 어느 한쪽에 치우치지 않고 양자를 병행하는 것이 바로 주자의 공부법이기도 하다.

윤강중을 비롯한 윤복의 아들들과 조카는 당시 이황의 문하에 들어가 『주자대전』에 대해 묻고 배웠는데, 특히 『주서朱書』의 글 뜻을 묻고 공부했다고 한다. 위에서 '진중한 편지에는 극진한 가르침 담겨 있고, 정미한 심법은 많은 영재를 깨우쳤지'라는 말은 바로 『주서』의 내용을 이르는 것이다.

이황은 자신이 늙도록 공부했어도 아무것도 이루지 못했는데 자기보다 열 살이나 젊은 윤복은 이미 저술을 이뤘다고 칭찬했다. 그리고 말미에서는 자신이 병중에 있는 탓에 직접 찾아가서 전송하지 못해 미안하다고 했다.

윤복과 이황의 만남은 윤복이 자신의 아들들과 조카를 이황의 문하에 출입시킴으로써 퇴계학이 호남에 전파될 수 있는 계기를 마련했다는 데 큰 의의가 있다. 윤복의 세 아들은 이후 고향으로 돌아가 이황에게서 배운 학문을 전파했으며, 그의 조카인 문위세와 문위세의 매부인 박광전朴光前 또한 퇴계학을 호남에 널리 퍼뜨리는 데 큰 역할을 했다.

|7| 스승의 가르침을 가장 잘 실천한 제자들
- 풍암 문위세와 죽천 박광전

문위세(1534~1600)는 사가 숙장叔章, 호가 풍암楓庵이고 본관은 남평南平이다. 그는 이황과 교유했던 호남 인사인 미암 유희춘에게 수학했다. 문위세가 경전의 뜻과 어록 등의 어려운 부분을 물으니, 유희춘이 "이 아이는 필시 유학의 큰 선비가 될 것이다"라고 칭찬했다고 한다. 그는 자신의 외숙부이자 윤복尹復의 형인 귤정橘亭 윤구尹衢에게 글을 배우기도 했는데, 『도산급문제현록陶山及門諸賢錄』[11]에 따르면, 이 인연으로 이황의 문하에 들어갔다고 한다.

> 귤정 윤구가 와서 선생(이황)을 배알했는데, 선생이 호남의 후진에 대해 묻자, 윤구가 공(문위세)이 있다고 대답했다. 마침내 선생에게 가도록 권하여 보냈고, 선생의 문하에 가서 수년간 머무르면서 수학하여 『주서』를 배웠다.
> 『도산급문제현록』 권2

『도산급문제현록』은 이를 문위세 13세 때의 일이라고 했다. 그런데 앞서 살펴보았듯이 1566년 그의 외숙부 윤복이 안동대도호부사로 부임하면서 자신의 세 아들과 조카 문위세를 이황에게 보내 수학하게

혼천의, 51.5×70.5cm, 18세기, 유교문화박물관(왼쪽).

혼천의, 도산서원.

했으니, 문위세는 33세에 다시 도산으로 가서 가르침을 받은 것이다.

『도산급문제현록』에는 또 다른 일화가 실려 있다. 하루는 이황이 간재艮齋 이덕홍李德弘에게 선기옥형璇璣玉衡을 만들게 했다. 선기옥형은 천체를 관측하는 기구인데, 『서경書經』에 따르면 순 임금이 이것을 사용해 일월日月과 오성五星의 운행을 관측했다고 한다. 문위세가 꿇어앉아 선기옥형에 대해 물으니, 이황이 "이것은 순 임금이 요 임금을 도와 정치를 할 때 쓰신 것으로, 이것으로 칠정七政(일월과 오성)의 운행을 살폈네. 맹자께서 '순이 요를 섬기던 도리로 임금을 섬기지 않으면 이는 임금을 해치는 것이다'라고 했으니, 군자가 조정에 있을 때 이 도리를 몰라서는 안 되네. 또 이윤伊尹이 농사를 지으면서 요순의 도를 좋아했으니 군자가 초야에 있을 때 이 도리를 몰라서는 안 되네. 그러니 소홀히 할 수 있겠는가"라고 대답했다. 요순이 사용하던 기구에 대해 묻는 제자에게 그것이 지닌 의미를 자상하게 답해주는 스승의 모습을 엿볼 수 있는 일화다.

『퇴계언행록』에는 문위세에 대해 기록한 두 가지 일화가 전하는데, 그중 하나가 특히 후인의 관심을 끈다. 하루는 이황이 제갈공명의 「팔진도八陣圖」[12]를 언급하고 그 도설을 꺼내 보이고는 별본別本을 베끼게 하면서 "이것도 격물치지 공부의 하나이니, 독서하는 여가에 뜻을 두고 연구해볼 만하다"고 했다 한다. 이 일화는 문위세의 기록인데, 이 일이 그가 훗날 의병장으로 활약하게 된 것과 연관이 있지는 않을까. 그렇다면 이황의 가르침이 결과적으로 문위세를 의병장이 되도록 이끈 셈이다. 이러한 일화를 통해 이황의 문하에서 문위세는 성리학을 공부하는 한편 사물의 이치를 탐구하는 격물치지의 실질적인 공부도 하면서 지식인으로서의 소양을 충실히 쌓아갔을 터임을 짐작할 수 있다.

문위세는 1567년(명종 22) 사마시에 합격한 뒤 출세에 대한 생각을 끊고는 풍산楓山에 집을 지어 제자들을 가르치면서 학문 연구에 힘썼다. 1576년 유희춘이 호남 순찰사가 되어 유일遺逸의 선비 5명을 추천했을 때 그도 포함되었으나, 벼슬길에 나아가지 않았다. 그러다가 임진왜란(1592)이 일어나자 박광전朴光前, 임계영任啓英과 함께 의병을 일으켰는데, 그는 군량미를 확보하고 조달하는 일의 총책을 맡아 많은 공을 세웠다. 이러한 공을 인정받아 1595년 용담현령에 제수되었으며, 1597년 정유재란이 일어났을 때는 현령으로서 끝까지 고을을 지켜내는 공을 세웠다. 이러한 공적이 1600년에 재평가되어 파주목사에 임명되는 파격적 인사가 단행되었으나 그는 노병 때문에 끝내 부임하지 못하고 그해에 세상을 떠났다.

문위세와 함께 의병활동을 한 박광전(1526~1597) 또한 이황의 문하에서 수학한 급문제자다. 박광전은 자가 현재顯哉, 호가 죽천竹川이고 본관은 진원珍原이다. 1526년(중종 21) 전라도 보성에서 태어났다. 9세 때 흥양에 유배와 있던 인재 홍섬에게 수학했으며, 22세에는 송천松川 양응정梁應鼎에게 가르침을 받았다. 1566년 41세 되던 해에 이황의 문하에 들어갔는데, 처남 문위세와 함께 갔던 것으로 보인다.

『죽천집竹川集』「연보」에는 이 일이 자세히 기록되어 있다. 「연보」에 따르면, 이황은 그를 한 번 보고는 깊이 장려하고 인정했다고 한다. 당시 이황은 『주자서절요朱子書節要』[13]를 옮겨 쓰고 있었는데, 박광전에게 "학문하는 시작과 근본은 전적으로 주자에게 있다"고 하고는 수업을 허락했으며, 박광전이 고향으로 돌아가려 할 때 『주자서절요』 한 질을 그에게 주며 "늘그막에 좋은 벗을 만났는데 갑자기 헤어지게 되었구나. 어찌 한마디 말을 하지 않을 수 있으랴" 하고는 시 다섯 수를 지어주었다고 한다. 그 시가 「연보」에 전하는데, 그중 두 수를 소개한다.

위기의 공부는 극기로부터 시작하고	爲己須從克己修
존심의 공부는 마음 찾음에 달려 있네	存心惟在放心求
우리들 그 누가 이 뜻을 모르겠냐마는	吾儕孰不知斯意
참으로 아는 것과 크게 다름을 어이하랴	胡奈眞知太不侔

갈팡질팡 헤매며 달려온 이내 반평생	范范胡走半吾生
대롱으로 하늘 보듯이 주자의 학문 얻었네	一管窺天得考亭
노쇠한 이 몸 실추가 많아 몹시 부끄러웠는데	老病極慙多失墜
그대가 이끌어준 덕분에 다시 넓고 밝아졌다네	待君提挈更恢明

『죽천집』 권6

아끼는 제자를 떠나보내는 마당에 독실한 스승 이황이 어찌 당부의 말을 하지 않으랴. 그래서 이 학문에서 핵심이 되는 위기지학爲己之學과 존심양성存心養性을 다시 한번 강조하여 말해준다. 위기지학이란 남에게 보이기 위한 목적, 즉 문장을 짓거나 과거에 급제하기 위한 공부가 아니라 지식을 넓히고 덕성을 함양해 자기를 완성하는 공부다. 이를테면 자신의 문제점을 고쳐서 성인이 되는 길을 가는 공부인 것이다. 그래서 극기복례의 공부로부터 출발해야 하는 것이다. 존심양성은 '마음을 보존하여 자기 본성을 기르는 공부'다. 본성을 기른다고 하지만, 본성은 길러지는 것이 아니다. 맑은 거울에 때가 묻지 않도록 하듯이 사욕이 본성을 침해하지 않도록 하는 것일 뿐이다. 그러므로 존심양성하기 위해서는 무엇보다 '달아난 마음을 찾는 것求放心'이 중요하다.

맹자는 "사람들은 닭과 돼지가 달아나면 찾을 줄 알지만 마음이 달아났는데도 찾을 줄 모른다. 학문의 방도는 다른 것이 없다. 달아난 마음을 찾는 것일 뿐이다人有鷄犬放 則知求之 有放心而不知求 學問之道 無他 求其放心而已矣"라고 했다. 마음은 사물을 접하면서 문득문득 사물에 끌려가 제자리를 이탈한다. 그러면 우리의 몸과 오관은 운전사를 잃은 차와 같아서 제대로 앞을 보고 움직일 수 없게 된다. 마음이 나의 주인공이라 마음이 없으면 보려야 볼 수 없고 들어도 들리지 않는다. 가축인 닭과 돼지는 우리 마음에 비하면 참으로 하찮은 것이다. 그런데 학문할 줄 모르는 사람들은 닭과 돼지를 잃으면 찾을 줄 알면서 나에게 가장 중요한 마음을 잃고도 찾을 줄 모른다. 존심양성, 위기지학의 의미를 모르기 때문이다. 맹자의 이 말은 학문의 요체를 우리에게 간약簡約하고 분명하게 가르쳐주고 있다. 『맹자』를 읽은 사람이라면 누구나 말뜻으로야 이러한 이치를 모를 리 없지만, 이 이치를 참으로 아는 것과는 거리가 멀다는 데 문제가 있다. 그래서 이황은 떠나는 제자에게 이 말을 뜻을 대수롭지 않게 생각해 넘기지 말고, 참으로 이치를 알고 실천하라고 당부한 것이다.

그리고 이황은 자신은 학문의 바른길을 찾지 못해 겨우 대롱을 통해 하늘을 보듯이 주자 학문의 일부분만 봤을 뿐이라고 했다. 물론 겸사로 들어야 할 터이지만, 워낙 겸손한 인품의 이황이고 보면 그 자신은 실제로 그렇게 생각했을 수 있다. 이어서 이황은 자신이 이미 노쇠한 나이에 이르러 그동안 학문의 길을 잘못 걸어온 것을 부끄러워하고 있는데, 이제 박광전과 같은 좋은 벗을 얻어서 자기 학문에 발전이 있었다고 했다. 따뜻한 스승의 마음으로 젊은 제자를 격려하는 말이다.

이후 박광전은 스승의 가르침대로 주자서朱子書를 읽고 깊이 연구했다. 그리하여 그는 의심 나는 것들을 정리해 84개 조의 질문을 만들어 편지를 보냈고 이황의 답서를 받은 뒤 그 내용을 정리해 한 권의 책으로 만들었는데, 많은 학자가 이것을 베껴 세상에 유포되었다고 『죽천집』 「행장」은 전하고 있다. 지금은 다만 박광전이 이황에게 보낸 84개 조목의 편지만을 『죽천집』에서 확인할 수 있을 뿐이다.

그 뒤 박광전은 1568년 진사시에 합격하고, 1570년 유희춘의 천거를 받아 경기전慶基殿 참봉이 되었으며, 다시 헌릉獻陵 참봉으로 옮겼으나 2년 만에 벼슬을 버리고 고향으로 돌아왔다. 1581년 왕자의 사부

師傅가 되었고, 함열과 회덕의 현감을 역임했다.

임진왜란이 일어났을 때 그는 67세의 노인이었다. 젊어서부터 병이 많고 몸이 허약했던 그였지만 왜적이 침입했다는 소식을 듣고는 분연히 일어나 임계영任啓英·김익복金益福·문위세 등과 함께 의병을 일으켰다. 정병 700여 명을 모집하고, 제자인 안방준安邦俊을 종사從事로, 맏아들인 박근효朴根孝를 참모로 삼았는데, 병으로 의병을 통솔할 수 없자 임계영을 의병장으로 추대해 활동을 계속했다. 정유재란 때에도 역시 의병을 일으키고 의병장이 되었는데, 동복同福에서 적을 크게 무찔렀으나 그 뒤로 병이 악화되어 세상을 떠나고 말았다. 훗날 공로를 인정받아 좌승지에 추증되었다.

박광전과 문위세의 저술은 많이 남아 있지 않아 그들이 이황에게서 전수받은 학문의 자세한 내용을 확인할 수 없다. 그러나 그들이 보여준 삶의 행적으로부터 그들의 학문과 정신을 유추해볼 수 있으니, 이황의 가르침을 두 사람 모두 독실하게 실천했다고 할 수 있다. 두 사람 모두 이황의 가르침을 오래 받지는 못했으나 이황의 정신을 계승한 진정한 제자라고 할 수 있지 않을까.

|8| 강직하고 고집스러웠던 만년 제자
- 천산재 이함형

이함형李咸亨(1550~1586)은 자가 병숙平叔, 호가 천산재天山齋이고 본관은 전주다. 효령대군의 후손으로 아버지는 대사헌과 대사간을 지낸 손암損菴 이식李栻이며, 서울에 거주하다가 처가가 있는 순천에 내려가 살았다. 그는 간재 이덕홍과 함께 『심경』과 『주자서절요』에 관하여 이황에게 질문한 것을 모아 『심경석의心經釋義』와 『주자서강록朱子書講錄』을 펴냈는데, 『도산급문제현록』에 따르면 이 책은 이황의 교정을 거치지 않고 편집자의 사적 견해를 추가한 것임에도 불구하고 사람들이 이를 이황의 저술로 간주하여 세상에 널리 유포했다고 한다.

『퇴계집』에는 이황이 이함형에게 보낸 편지가 9통 수록되어 있는데, 주로 경서와 『주서』, 예설禮說 등에 대해 이함형이 질문하고 여기에 이황이 답한 것이다. 이외에도 이함형에게 사적인 조언을 해주는 편지도 보이는데, 이황의 제자에 대한 깊은 애정을 읽을 수 있다.

편지의 내용들로 보건대, 이함형은 강직하면서도 조금은 고집스러운 성격이었던 것 같다. 한번은 이황이 기대승에게 보내는 편지를 이함형을 통해 전달한 적이 있는데, 그 편지에 '답서는 이함형을 통하지 말고 서울로 보내달라'고 부탁하는 내용이 나온다. 그 이유는 "이 사람의 성품이 고집스러워 남을 위하는 데 지나친 부분이 있으므로 혹 특별히 사람을 시켜서 먼 길을 오게 할 염려가 있기 때문"이라고 설명한다. 또 한 편지에서는 월천 조목에게 종이를 선물했다가 그가 사양하자 이에 대해 지나치게 신경을 쓰고 자책하는 이함형을 나무라는 내용이 보이는데, 작은 일을 지나치게 크게 생각해 집착하는 문제를 지적한 것이다. 이함형의 이러한 성격을 그의 단점이라고 지레 단정할 수는 없다. 오히려 남에 대한 관심과 애정이 깊다보니 조금 집착으로 이어진 것이다. 사실은 아주 작은 문제일 수 있는데 이황이 일일이 지적하고 충고한 것을 보면, 이황이 스승으로서 제자에 대한 애정이 깊었음을 알 수 있다.

이함형에게 준 편지 가운데 세인의 관심을 가장 많이 받은 편지가 있다. 1570년 이황이 보낸 편지인데, 부부 사이가 좋지 못한 이함형에게 간곡히 충고를 하는 내용이다. 자신의 경험까지 언급하며 곡진한 말로 타이르는 스승의 편지에 이함형은 송연해질 수밖에 없었고, 곧 자신의 잘못을 깨닫고 부부관계를 회복했다고 한다. 아래는 그 편지다.

> 공자께서 말씀하시기를 "천지가 있고 난 뒤에 만물이 있고, 만물이 있고 난 뒤에 부부가 있고, 부부가 있고 난 뒤에 부자가 있고, 부자가 있고 난 뒤에 군신이 있고, 군신이 있고 난 뒤에 예의를 베풀 곳이 있다"고 했네. 자사子思께서 말씀하시기를 "군자의 도는 부부에게서 시작되니, 지극함에 이르면 천지에 밝게 드러난다" 하고 또 『시경』에 '처자 간에 잘 화합함이 금슬琴瑟을 연주하는 듯하다' 했는데, 이를 두고 공자께서 말씀하시기

를 '이렇게 되면 부모가 편안하실 것이다' 하셨다" 하였네. 부부의 도리가 이처럼 중요한 것이니, 마음이 잘 맞지 않는다는 이유로 소홀하고 박절하게 대해서야 되겠는가.

『대학大學』에 "그 근본이 어지러우면서 지엽이 다스려지는 자는 없으며, 후하게 할 데에 박하게 하면서 박하게 할 데에 후하게 하는 경우는 있지 않다"고 했는데, 맹자께서 이 말을 부연하시기를 "후하게 할 데에 박하게 한다면 박하게 하지 않을 데가 없을 것이다"라고 했네. 아! 사람됨이 박하고서야 어떻게 부모를 섬길 수 있겠으며, 어떻게 형제·친척·이웃과 잘 지낼 수 있겠으며, 어떻게 임금을 섬기고 백성을 부릴 수 있겠는가. 공이 금슬이 안 좋다고 내 들었는데, 무슨 이유로 그런 불행이 생긴 것인가? 세상을 보면 이런 문제가 있는 사람이 적지 않으니, 아내의 성품이 나빠 고치기 어려운 경우도 있고, 아내의 얼굴이 못생기고 우둔한 경우도 있고, 남편이 방종하여 행실이 좋지 못한 경우도 있고, 남편의 호오好惡가 괴상한 경우도 있네. 경우가 많아 일일이 거론할 수는 없네. 그러나 대의로 말한다면 그중 아내의 성품이 나빠 교화하기 어려워 스스로 소박을 당할 만한 죄를 지은 경우를 제외하고는, 모두 남편이 스스로 자신을 반성하고 애써 아내를 잘 대해주어 부부의 도리를 잃지 않으면 되네. 그렇게 하면 부부의 큰 인륜이 무너지는 데 이르지 않을 것이고, 자신은 '박하게 하지 않을 데가 없는' 지경에 빠지지 않을 것이네. '성품이 나빠 고치기 어렵다'는 것도 몹시 패역悖逆하여 인륜의 도리를 어지럽힌 경우가 아니라면 역시 상황에 따라 대처하고 갑자기 인연을 끊어버리지 않는 게

좋네.

옛날에는 아내를 버려도 아내가 다른 데 시집갈 수 있었기 때문에 칠거지악七去之惡을 저지르면 아내를 바꿀 수 있었네. 그러나 오늘날의 아내는 거개가 한 지아비만 끝까지 따르니, 어찌 정의情義가 맞지 않다는 이유로 남처럼 대하거나 원수처럼 대해, 한 몸처럼 살아야 할 사이가 서로 반목하게 되고 한 이부자리에 기거하면서 천 리나 떨어진 것처럼 되어, 가도家道가 시작될 곳이 없고 만복萬福이 길어질 뿌리가 없게 해서야 되겠는가?

『대학』에 "자신에게 잘못이 없은 뒤에 남의 잘못을 지적한다"고 했으니, 이 부부간의 문제에 대해 내가 예전에 겪은 것을 말해주겠네. 나는 두 번 장가들었는데 하나같이 아주 불행한 경우를 만났네. 그렇지만 이러한 처지에서도 감히 박절한 마음을 내지 않고 애써 아내를 잘 대해준 것이 거의 수십 년이었네. 그동안 마음이 몹시 괴로워 번민을 견디기 어려운 적도 있었네. 그렇지만 어찌 마음 내키는 대로 행동해서 부부의 큰 인륜을 무시하여 홀어머니께 걱정을 끼칠 수 있었겠는가.

후한後漢의 질운郅惲이 "부부간의 정은 아비도 아들에게 마음대로 하지 못하는 것이다"라고 한 것은 참으로 인륜의 도리를 어지럽히는 간사한 말이니, 이런 말을 핑계 삼고 공에게 충고하지 않을 수는 없네. 공은 반복해 깊이 생각하여 잘못을 고쳐야 할 걸세. 이런 잘못을 끝내 고치지 않는다면, 학문은 어떻게 하겠으며, 행실은 어떻게 하겠는가.

『퇴계집』 권37

위 공자의 말은 『주역』에 보이고, 자사의 말은 모두 『중용』에 보인다. 후한 광무제가 죄 없는 곽황후郭皇后를 폐위할 때 질운郅惲에게 의견을 묻자, 질운이 "신이 듣건대 부부의 정은 아비도 자식에게 어찌할 수 없는데, 하물며 신하가 임금에게 어찌할 수 있겠습니까"라고 했다. 이런 말이 있다고 해서, 부부간에 사이가 좋지 않은 이함형을 그대로 두고 충고하지 않을 수 없다고 한 것이다.

이황은 『주역』『중용』『시경』『대학』의 말을 두루 인용해 부부 사이가 만사의 근본이며, 만복의 근원이라고 하면서 아내의 성품이 아주 못되어 고칠 수 없는 것이 아니라면 부부의 인연을 쉽게 끊어서는 안 된다고 한다. 그 이유로 옛날에는 여인들이 개가할 수 있었지만 지금은 그럴 수 없고 오직 일부종사하게 되어 있으니, 아내를 버리면 그가 갈 곳이 없게 된다고 했다. 매우 간곡한 설득이요 충고다.

이어서 이황은 자신의 불행한 과거사를 털어놓는다. 이황은 21세에 진사 허찬許瓚의 딸과 혼인하여 금슬이 좋았으나 27세에 상처喪妻하고 말았다. 그리고 30세에 봉사 권질權礩의 딸과 두 번째 혼인을 했다. 이 권씨權氏 부인은 그녀의 조부가 연산군 때 갑자사화로 사사되고, 부친 권질도 그 일로 거제도에 유배를 가게 되었다. 그녀는 거제도에서 태어났다. 권질은 중종반정 이후 복권되었으나 기묘사화 때 다시 집안이 화를 당해 숙부는 사사되고 숙모는 관노가 되고 권질은 안동 예안으로 귀양 간다. 거듭되는 집안의 참화를 겪으면서 권씨 부인은 심한 충격을 받아 정신이 온전치 못했다고 한다. 이황이 예안으로 귀양 온 권

言終大永訣
病不湯藥
歿未捫胸奔赴後人死有餘恨從遊未久
儀刑永閟自茲以徃於乎卒業言念至此五内摧裂伊表情素發
薦清酌
不已者
在庶幾
歆格嗚呼哀哉
尚饗

享天山齋

維隆慶五年歲次辛未正月丁巳朔十五日辛卯門人李咸亨謹以淸酌庶羞之奠敬祭于

退溪李先生之靈

泰山崩矣吾道何托
梁木權矣後學誰賀歲舍已巳以小子承叱受命趨庭摳衣
巫文諄諄誘掖徂始和方敬承緻絁幸不失志吉帶歸寧事故逾結二載之餘

질을 찾아갔을 때, 권질이 이황의 인품을 믿고 자신의 온전치 못한 딸을 부탁했다고 한다.

권씨 부인에 관해 재미있는 일화들이 전한다. 한번은 제사상을 차리다 떨어진 배를 권씨 부인이 치마 속에 감추자 그 모습을 보고 친지들이 웃었는데, 이황은 손수 배를 깎아 부인에게 먹였다고 한다. 또 이황이 조정에 급히 입고 나갈 도포를 빨간 헝겊으로 기웠다는 이야기도 전하는 것을 보면, 대학자인 이황의 배필로는 많이 모자란 여인이었음이 분명하다. 그런데도 이황은 1546년 권씨 부인이 먼저 세상을 떠날 때까지 16년 동안 변함없이 그녀를 감싸주며 부부의 도리를 다했다. 이 얼마나 훌륭한 인품인가. 오늘날 각박한 남편들이 상상조차 할 수 없는 일이다.

자기 부부의 불행한 과거사를 털어놓는 것은 사대부의 집안의 범절이 삼엄한 조선시대에는 친구 사이에 쉽지 않았을 것이다. 그런데 제자에게 자신의 부끄러운 과거사를 솔직히 털어놓으면서 부부간의 도리를 다하라고 간곡히 타이르고, 아내를 박대하는 잘못을 고치지 않으면 학문도 쌓을 수 없고 행실도 닦을 수 없다고 간절히 충고한 것을 보면, 이황의 인품이 얼마나 너그럽고도 진솔했으며 제자에 대한 사랑이 얼마나 지극했는가를 넉넉히 알 수 있다.

|9| 이황에게 대제학 자리를 양보하다
- 사암 박순

박순(1523~1589)은 자가 화숙和叔, 호가 사암思菴이고 본관은 충주다. 육봉 박우의 아들이자 눌재 박상의 조카로, 1523년(중종 18) 나주에서 태어났다. 8세 때 이미 시를 지어 사람들을 놀라게 했으며 초년에 화담 서경덕 문하에서 수학하면서 이기론理氣論을 연구했다. 율곡, 우계와 교분이 두터웠고 고봉과도 친한 사이였다.

    1553년(명종 8) 31세의 나이로 문과에 급제해 홍문관·예문관 대제학, 한성부윤, 이조판서 등을 역임하고 1572년(선조 5)에 우의정, 이듬해에 좌의정, 1579년에 영의정에 올라 1586년 관직에서 물러날 때까지 14년 남짓을 정승 자리에 있었다. 그는 시와 문에 뛰어났을 뿐만 아니라 인품이 강직해 많은 사람에게 존경을 받았다. 재직 중에 있었던 임백령의 시호 사건이나 윤원형을 탄핵해 파면시킨 일 등이 그의 이러한 인품을 보여준다.

    1561년(명종 16) 박순이 홍문관 응교로 재직하고 있을 때, 을사사화를 일으킨 주요 인물인 임백령의 시호를 제정하자는 논의가 일었다. 당시 홍문관 동료들은 높은 시호를 추천하면 권세에 아첨하는 것으로 보이고, 그렇지 않으면 윤원형의 미움을 사게 될 터이므로 결정하지 못하고 주저하고 있었다. 이때 박순은 임백령이 자기와 함께 박상의 문하에서 수학했던 의리를 생각해 시호를 제정하는 일을 스스로 맡아서 '소공昭恭'이라는 시호를 줄 것을 건의했다. 시호를 정하는 법인 시법諡法에 따르면, '소昭'는 '허물을 능히 고친다'는 뜻이 있고 '공恭'은 '용의容儀가 공손하고 아름답다'는 뜻이 있다. 이는 다시 말하면 그에게 허물이 있었음을 넌지시 드러내는 것이기도 했다. 결국 이 일로 인해 박순은 윤원형의 미움을 샀고 파직되어 고향 나주로 돌아간다.

그러나 워낙 인망이 있던 터라 박순은 그해 12월에 다시 한산군수에 임명되었다. 그러던 중 1565년에 이르러 20년 가까이 섭정하던 문정왕후文定王后가 세상을 떠나자 정국이 요동쳤다. 그동안 외척으로 국권을 전횡하던 당시의 세도가 윤원형을 퇴출시키는 일에 44세의 대사간 박순이 앞장섰다. 그는 대사헌 이탁李鐸을 설득, 윤원형을 탄핵했다. 그는 상소하여 윤원형의 죄목 26가지를 열거했고, 당시의 임금 명종도 어쩔 수 없어 외삼촌인 윤원형을 파직하고 위리안치시키지 않을 수 없었다.

그리고 1568년에 박순은 양관兩館 대제학에 임명되고 이황은 제학에 임명되었다. 이때 박순은 존경하는 이황이 자기보다 낮은 자리에 임명된 것을 미안하게 여겨 직임을 바꾸어줄 것을 청했다. 그리하여 이황이 양관 대제학에 임명되었다. 이 일에 대해 이황은 정유일鄭惟一에게 보내는 편지에 "박화숙朴和叔(박순의 자)이 문형文衡(대제학의 이칭)을 맡고 있으면서 나를 추대하고 자신은 사양하여 마침내는 이 관직을 면치 못하게 되었으니, 이 어찌 늙고 병들어 죽을 날이 얼마 남지 않은 내가 감당할 수 있는 일이겠소"라고 했고, 끝내 사양하여 직임을 받지 않았다.

당시 이황은 늙고 병듦을 이유로 스스로 벼슬에서 물러나기를 진정으로 바라고 있었다. 박순이 그것을 모르지 않았으나 후학으로서 존경하는 대선배에게 자리를 양보하는 것 또한 그로서는 당연한 일이었다. 성호 이익은 『성호사설』 「인사문人事門」에서 '사암능양思菴能讓(사암이 능히 겸양함)'이라는 제목으로 이 일을 기록해 박순을 칭송하고 이욕 추구에만 급급했던 당시 세태를 비판한다.

> 우리 선묘宣廟 때 퇴계 선생이 예문관 제학에 임명되자, 당시 대제학에 임명된 박순이 "신이 주문主文(대제학의 이칭)이 되었는데 이李 아무개가 제학이 되었으니, 나이 높은 큰 선비를 도로 낮은 지위에 두고 초학자를 도리어 중한 자리에 앉혔으니, 사람을 등용하는 것이 뒤바뀌었습니다. 직임을 교체해주소서" 하였다. 주상께서 대신들에게 의논하게 하니, 모두 박순의 말이 옳다고 했다. 이에 박순과 이황의 직임을 바꾸도록 명했으니, 훌륭하여라 박순의 어짊이여! 세속의 모범이 될 만하다. 오늘날 마구 이욕을 부릴 뿐 이를 보고 본받는 사람이 없음을 어이하리요. 아! 슬프다.
>
> 『성호사설』 권12

사람의 마음을 움직이는 미담이다. 이익의 칭찬대로 박순의 겸양은 어디까지나 겸양을 미덕으로 삼는 유교 국가 조선의 사대부들에게서도 좀처럼 보기 드문 일이었다.

이듬해인 1569년, 이황은 도산으로 돌아간다. 이때 기대승, 박순, 이담李湛 등이 한강 광나루에 나와 전송하며 아쉬움을 시로 읊었다. 도산으로 돌아간 이황은 한 해 뒤에 세상을 떠났으니, 이때의 전별식이 그들에게는 살아서의 마지막 대면이었던 것이다. 아래는 당시 이황과 박순이 주고받은 시다.

　동호의 배 위에서 기명언奇明彦(기대승의 자)이 절구 한 수를 짓고 박화숙이 그 뒤를 잇자, 자리에 있던 제공들이 모두 증별시를 써주었다. 내 떠나는 마당에 모두 수답酬答하지 못하고 삼가 앞의 두 절구에 차운하여 여러분이 전송해주는 후의에 사례한다.

배에 앉은 선비들 모두 명사라	列坐方舟盡勝流
떠날 마음 종일토록 붙들려 머무노라	歸心終日爲牽留
한강 물 가져다가 벼루에다 부어서	願將漢水添行硯
이별 앞에 무한한 시름 써내었으면	寫出臨分無限愁
물러감 윤허하시니 쫓겨남과 어이 같으리	許退寧同賜玦環
어진 분들이 내 고향 가는 길 전송하시네	群賢相送指鄉關
부끄러워라 네 임금님의 후한 성은 입고서	自慙四聖垂恩眷
부질없이 일곱 차례나 왔다 떠났다 했구나	空作區區七往還

『퇴계집』권5

이황은 중종, 인종, 명종, 선조 네 임금으로부터 부름을 받았다. 그 은혜에 사직과 재직을 반복하며 오간 것이 일곱 번이 되었다. 이제는 치사하여 영영 벼슬길을 떠나 고향으로 돌아가려 하면서 자신의 감개무량한 심정과 이별의 아쉬움을 읊었다.

이황은 매화를 매우 사랑했다. 특히 만년에는 매화를 두고 읊은 시도 많거니와 도산서당에 있는 매화를 그리워하며 지은 시를 보면 그에게 매화는 오랜 벗과 같은 존재였던 듯하다. 그가 임종 때 마지막으로 남긴 말이 매화에 물을 주라는 것이었으니, 그가 매화를 얼마나 아끼고 사랑했는지 짐작할 수 있다.

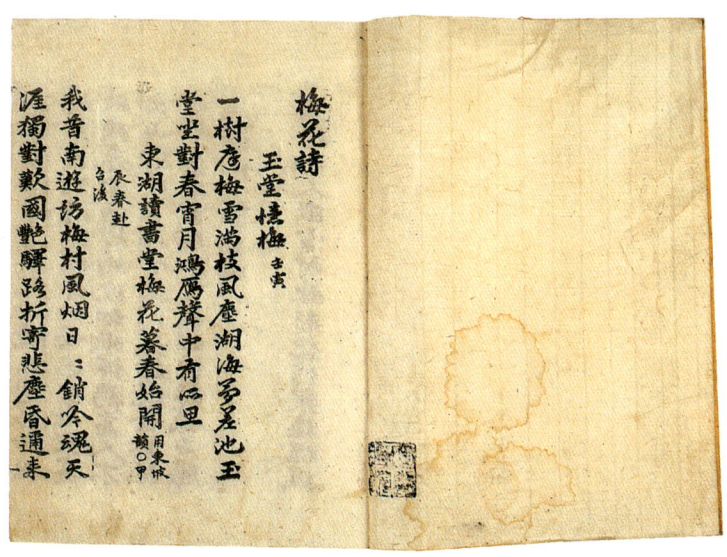

『매화시첩』, 이황, 유교문화박물관.

도산서원에 핀 매화.

이황의 시에 대해 박순은 이렇게 답했다.

고향으로 돌아가는 퇴계 선생을 전송하며

끊임없는 고향 생각 고리처럼 이어지시더니 鄕心未斷若連環
한 필 말로 오늘에야 도성 문을 나서셨구려 一騎今朝出漢關
추위에 묶여 매화가 봄인데도 안 피었으니 寒勒嶺梅春未放
꽃을 아껴 늙은 신선 돌아오길 기다린 것이리 留花應待老仙還

『사암집思庵集』 권1

이황이 매화를 특히 좋아하다는 것을 아는 박순이기에 시에 매화를 등장시켰다. 봄인데도 날씨가 추워 아직 꽃을 피우지 않은 매화를 두고, 박순은 신선과 같은 이황이 돌아오기를 기다리느라 아직 꽃을 피우지 않고 있다고 했다. 이황의 심정을 잘 알았고, 이황의 귀향을 멋진 말로 축하해주었다.

|10| 지음의 제자
- 고봉 기대승

기대승(1527~1572)은 자가 명언明彦, 호가 고봉高峯·존재存齋이고 본관은 행주幸州다. 1527년(중종 22) 전라도 광주에서 태어났다. 그의 숙부는 기묘명현己卯名賢의 한 사람인 복재服齋 기준奇遵(1492~1521)이다. 그의 부친 물재勿齋 기진奇進(1487~1555)은 동생이 사화에 연루되어 사약을 받고 죽자, 둘째 형 기원奇遠과 함께 낙향하여 광주에서 여생을 보낸다. 1527년에 대신의 천거로 경기전 참봉에 제수되었으나 끝내 출사하지 않았다. 그리하여 기대승은 광주에서 태어나 자라게 된 것이다.

『고봉집高峯集』「연보」에 따르면, 그는 어릴 때부터 의젓해 남다른 몸가짐을 보였다고 한다. 부친에게 글을 배웠는데 9세 때 『효경』과 『소학』 등을 읽었으며, 15세에는 부친의 훈계를 손수 기록해 「과정기훈過庭記訓」을 지어 위기지학에 대한 뜻을 공고히 했고, 「서경부西京賦」 130구를 짓기도 했다. 19세 때 「자경설自警說」을 지어 스스로를 경계했는데, 이 글은 문집에 남아 있다. 일찍부터 남다른 재능과 학문에 대한 열정을 보였던 것이다.

20세(1546, 명종 1)에 향시 진사과에 응시, 2등으로 합격해 이듬해 성균관에서 유학했고, 23세에 생원시와 진사시에 모두 2등으로 합격했다. 2년 뒤 문과에 응시했으나 윤원형이 그의 이름을 꺼려 하등의 점수를 주어 낙방했다. 결국 32세(1558, 명종 13)에 다시 문과에 응시하여 1등으로 급제, 권지승문원부정자가 되었다.

그런데 문과 급제 이전의 그의 행보가 눈길을 끈다. 그는 비록 과거 공부에 등한하지는 않았지만 그렇다고 해서 전념하지도 않았다. 문과에 응시하기 한 해 전 그는 『주자문록朱子文錄』을 완성했다. 『주자문록』은 『주자대전』의 글 가운데 중요하다고 생각되는 것들을 발췌해 편

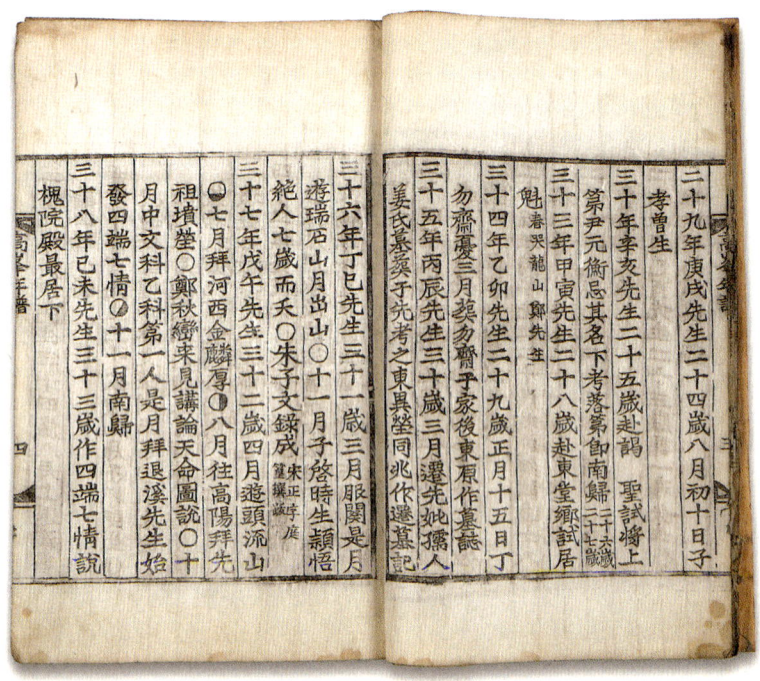

『고봉문집』, 기대승, 32.8×22cm, 국립진주박물관. 기대승은 정지운의 『천명도설』을 계기로 하여 조선 최대의 학자인 이황과 본격적인 학술 논쟁을 벌이게 된다.

집한 것이니, 그가 당시에 이미 『주자대전』을 섭렵해 주자의 학문을 이해하고 있었음을 알 수 있다. 상경하기 전에 그는 주자학에 대한 조예가 이미 상당한 수준에 이르렀던 것이다. 문과에 응시하기 위해 서울로 가는 길에도 그는 하서 김인후를 만나 학문을 토론하고, 일재一齋 이항李恒을 만나 「태극도설」에 대해 의견을 주고받았다. 문과 응시를 앞둔 상황에서 시험에 집중하기보다는 성리학에 대해 말하며 논했으니, 그의 행보는 대범하고 활달한 그의 성품과 학문에 대한 열정을 보여준다.

문과에 급제한 그해 10월 기대승은 이황을 만나게 된다. 당시 이황은 성균관 대사성이 되어 서울에 머물고 있었다. 이제 막 출사를 시작한 기대승과 달리 이황은 벼슬에 나오고 물러나길 반복해온 만년의 대학자로서, 사림의 종사宗師로 그 이름을 높이 떨치고 있었다. 이러한 이황에 비하면 기대승은 아직 성가聲價를 드러내지 못한 신진 학자일 뿐이었다. 그럼에도 불구하고 이황과 기대승은 한 번의 만남에서 이미 서로를 매우 좋아하게 되었다. 이런 일은 어떻게 가능했을까?

기대승은 주자학에 깊은 조예가 있던 학자로 이황과 함께 사단칠정에 관한 논변을 주고받으며 조선 성리학의 심화를 이뤄낸 인물로 평가받는다. 기대승이 포은圃隱에서 정암靜菴으로 이어지는 조선의 도통을 경연에서 언급한 적이 있지만, 조선 초기의 주자학은 학문적인 체계로서 깊이와 치밀함을 성취하지 못했다. 주희의 문집만 하더라도 문종 때에 이르기까지 세 차례 반입되었다는 기록이 있을 뿐 단 한 차례도 국내에서 간행되고 배포되지 않았다. 『성리군서구해性理群書句解』『성리대전』『근사록』 등이 간행되었다는 기록이 있으니, 학자들은 이러한 저술을 가지고 성리학을 공부했을 터인데 이마저 깊이 연구한 학자는 찾아보기 어렵다.

앞에서도 언급했거니와 주자학의 나라로 불리는 조선에서도 『주자대전』을 본격적으로 읽고 연구한 학자는 이황이 처음이었다. 『주자대전』은 1523년(중종 18)에 처음 공간公刊되었고, 그로부터 20년 뒤에야 조정에 있던 이황이 비로소 그 책을 입수할 수 있었으니, 일반 학자들이 구입하려야 할 수도 없었다. 그런데 기대승이 『주자대전』을 읽고 연구해 이황과 주자학을 토론할 만한 수준에 올라 있었던 것이다. 물론 당시 기대승의 학문이 이미 13년 동안 『주자대전』을 깊이 연구해 56세 때 『주자서절요』의 편집을 완성한 이황에 비할 수준에 도달했었다고 보기는 어렵다. 그렇지만 당시 학계에서 기대승 외에 주자 학설에 대해 이황과 진지한 토론을 벌일 만한 학자가 없었다고 해도 과언은 아니다. 게다가 이황은 어떤 사람이었던가? 누구보다도 학문에 대한 열정이 강했으며 자신을 낮추는 데 인색하지 않은, 겸허하기 짝이 없는 학자가 아니었던가. 그는 학문을 토론할 수 있는 사람이라면, 나이 같은 외적인 문제를 돌아보지 않았다. 그러므로 이황은 기대승과 그동안 목말라 해오던 학문 토론에의 갈증을 마음껏 풀 수 있었으리라.

이황과 기대승 사이에 벌어진 소위 사칠논변四七論辯은 그 자체가 갖는 철학적 의미는 물론이고 향후 조선 성리학에 끼친 영향이 워낙 컸다. 그러므로 이 사칠논변에 대해서는 뒤에 따로 장을 마련해 자세히 다루기로 하고, 여기서는 먼저 두 사람의 인간적인 교유에 대해 이야기해본다.

다시 1558년, 기대승이 문과에 급제한 당시로 돌아가보자. 이황은 기대승을 만난 이후에 한 통의 편지를 보낸다.

> 병든 몸이 바깥출입을 하지 못하고 있었는데, 어제 찾아주어 만나고 싶었던 소원을 이루었으니, 얼마나 다행인지 모릅니다. 한편으로는 몹시 고맙고 한편으로는 몹시 부끄러운 심정을 무어라 형언할 길이 없습니다. 내일 남행은 결정하셨는지요? 겨울철에 먼 길 떠나는 데는 무엇보다 몸조심이 중요합니다. 부디 재능과 생각을 깊이 감추어 대업을 끝마칠 수 있길 간절히 바랍니다. 이만 줄입니다.
>
> 『고봉집』「양선생왕복서兩先生往復書」권1

기대승은 1558년 10월 문과 을과에 1등으로 급제했고, 이달에 처음으로 이황을 찾아뵙고 사단·칠정에 대해 자신의 견해를 말했다. 11월에는 남쪽으로 급제자로서 영친榮親하러 귀향했다. 이 편지에서 이황이 한편으로는 몹시 고맙고 다른 한편으로는 몹시 부끄럽다고 한 것은 찾아주어 고마운데 자신은 도움을 줄 만한 학식이 없어서 부끄럽다는 뜻이다. '재능과 생각을 깊이 감추라紫深'는 말은 당나라 문호인 한유의 「여화주이상서서與華州李尙書書」라는 편지에서 "지나는 길손이나 속된 사람들을 접할 때 입을 닫아 시사時事를 입에 올리지 말고, 힘써 재능과 생각을 깊이 감춤으로써 질투하는 입을 막으라接過客俗子 絶口不挂時事 務爲崇深 以拒止嫉妬之口"라고 한 데서 왔다. 원래는 높이 감추고 깊이 숨기라는 뜻이다.

첫 만남에서 재능이 출중하고 성품이 호방했던 기대승은 자신의 생각을 거침없이 말했던 듯하다. 그래서 이황은 그렇게 하다가 세상 사람들의 시기 질투를 받아 앞길이 막힐까봐 걱정하여 이렇게 말했을 것이다. 짧은 말이지만, 이 속에는 기대승의 성품과 이황의 인품이 은연 중 드러나 있다. 재능이 탁월한 후진을 아끼고 염려하는 이황의 넉넉한 인품과 진솔한 마음이 기대승의 가슴에 와닿았다. 그래서 그 뒤로 두 사람 사이에 진지한 토론이 오래 이어지고, 깊은 신뢰가 쌓였다.

1568년(선조 1) 선조 임금은 기대승에게 "이황을 옛사람에게 비유한다면 어느 정도의 인물이라고 하겠는가?"라고 물었고, 기대승은 다음과 같이 대답한다.

> 우매한 신이 그것을 어찌 알겠습니까. 다만 제 소견으로는, 이황은 나이가 이미 일흔이고, 견문 또한 높은데도 자신의 의견을 주장하지 않고 나이가 젊은 사람의 말이라도 반드시 반복하여 생각합니다. 글을 볼 때에는 조금의 고집이나 막힘이 없고 정주程朱를 독실히 믿어 공부가 지극히 순수합니다. 옛사람은 제가 잘 알지 못하지만, 우리나라 학자들의 저술은 신도 보았는데, 이만한 사람이 드뭅니다.

이황은 성품이 고요하고 담박하여 비록 소명을 받고 어쩔 수 없이 오기는 했지만 빈한한 생활이 뜻에 맞고 부귀에는 마음이 없어 항상 물러가고자 하는 마음을 가졌습니다. 아무런 일도 하지 못한 채 그럭저럭 벼슬살이를 하다가 조정에서 죽게 될까 걱정하는 것이 바로 그의 진심입니다.

『선조수정실록』 1년 12월 1일

이황을 학문에 있어 동방의 일인자로 높이 평가한 것이다. 그런데 사퇴하고 낙향하고 싶은 마음이 간절했던 이황은 이 말을 전해 듣고 몹시 당황할 수밖에 없었다. 이황에게 더 높은 자리를 주지 않아서 이황이 자꾸 사퇴를 하는 것이라는 뜻으로 임금에게 들릴 수 있었기 때문이다. 그래서 이황은 기대승에게 편지를 썼다. 다음은 그 편지의 전문이다.

어제 어떤 이가 와서 야대夜對에서 영공令公이 진달한 말씀의 대개를 말하는 것을 듣고는, 놀라 식은땀이 흐르고 어찌할 바를 몰라 밤새 잠을 이루지 못했습니다. 영공은 어쩌면 그리도 생각을 하지 않는단 말입니까. 내가 낭패스러움이 이 지경에 이르러 여러 가지 일에 얽매여 벗어나고자 해도 벗어날 수 없어 밤낮으로 걱정하고 두려워하는 것은 오로지 '허명虛名'이라는 두 글자 때문입니다. 가령 다른 사람이 과장된 진달을 하더라도 영공께서는 오히려 힘써 억제하여 나로 하여금 하늘을 속이는 죄를 면하게 해주었어야 합니다. 그런데 지금 도리어 나를 크게 찬양하여 임금의 귀를 더욱 현혹시키고 나의 죄를 더 무겁게 하고 인심을 다시 현혹시키고 사람들의 노여움을 더 격렬하게 했으니, 끝내 나는 어디로 도망

하여 그 죄를 면하라는 말입니까. 평소에 지기知己의 벗으로 서로를 허여
하던 뜻이 또 어디에 있단 말입니까. 또 우리 둘 사이에 왕래하며 사귀는
것을 사람들이 이상하다 여기는데 또 이어 이런 행동을 했으니, 누가 영
공의 말을 공정하다고 믿겠습니까.

나는 근자에 출사하여 하루 이틀 공무를 보다가 견디지 못하겠으면 다시
물러나려 했는데, 지금 이 일로 인하여 부끄러워 고개를 들고 사람들을
대할 수가 없고 심병心病이 갑자기 더 심해졌습니다. 그래서 문을 굳게
걸어 닫고 베개에 엎드려 견벌譴罰이 내리기만을 기다리고 있습니다. 지
금부터는 사람을 보내어 안부를 묻는 것도 다 그만두어 조금이나마 나의
마음을 편하게 해주시면 매우 고맙겠습니다.

『퇴계집』권18

이 편지에는 겸손하면서도 신중하고 근엄한 이황의 인품이 잘 드
러나 있다. 그렇지만 이황이 기대승을 벗으로 대했을지언정 기대승에
게 이황은 존경하는 스승이었다. 기대승의 말은 스승을 존경하는 자신
의 소견을 있는 그대로 진달한 것일 뿐이다. 이러한 이황의 편지에 답
을 하면서 그는 "감히 과장된 말은 하지 않았고 제 소견을 임금께 진달
했을 뿐"이라고 했다. 또한 곡절을 설명하고 오해를 풀기 위해 방문하
겠다는 기대승에게 이황은 "방문을 허락하고 싶지만 일에 아무 도움도
되지 않고 남들의 손가락질만 더 받을 터이니 올 필요가 없다"고 답했
다. 이는 기대승에게 아직 화가 풀리지 않아서라기보다는 세간의 이목

을 고려했던 것으로, 이황의 조심스럽고 신중한 성품이 드러난다.

 이보다 한 해 전인 정묘년(1567) 8월 10일, 예조판서에서 해임된 이황이 명종의 인산因山이 끝나기도 전에 곧바로 귀향하자 세상에서 비난하는 여론이 들끓었다. 평소 이황을 존경하던 기대승은 편지를 보내 출처의 도리에 맞지 않다고 지적했고 이황은 편지로 자신의 입장을 밝혔다. 이 편지에서는 이황의 고결한 덕향德香이 은은히 풍겨 나온다.

근자에 들으니, 남시보南時甫가 나를 두고 위아지학爲我之學을 한다고 했다 합니다. 위아지학은 내가 본디 하지 않지만 나의 행적이 위아지학과 매우 흡사하기에 그 말을 듣고는 식은땀이 흘러 옷을 적셨습니다. 그러나 만약 겉으로 드러난 행적만 가지고 사람을 판단한다면 양씨楊氏가 아니면서도 위아爲我하는 듯이 보이는 옛사람이 많지 않겠습니까.
주자朱子는 불경의 말을 인용하여

이 심신을 가지고 모든 세상의 중생을 받드는 것
이를 이름하여 부처님 은혜에 보답하는 것이라 하네

하였고, 또 두보의 시를 인용하여

사방 이웃들이 쟁기를 잡고 나서는데
구태여 우리 집까지 잡을 것 있으랴

하였습니다.

그리고 이연평李延平은 "지금 같은 때에는 그저 궁벽한 곳에서 베옷을 입고 나무 열매를 먹으며 평소 하던 공부에나 힘써야 할 것이다"라고 했고, 양귀산楊龜山의 시에

듬성하게 핀 꽃잎으로 경솔히 흰 눈과 싸우지 말고
밝은 달빛 가운데 맑은 자태를 잘 감추라

하였습니다. 이분들이 모두 위아지학을 했단 말입니까.

『퇴계집』 권17

이황이 걸핏하면 벼슬을 사양하고 낙향하니, 당시 사람들은 이황을 두고 산새山禽라고 비아냥거렸다. 자신만을 위하고 세상을 위할 줄 모른다는 남시보의 말은 이황을 비난하는 세상 사람들의 말이기도 했다. 이에 대해 이황은 옛사람의 말을 인용해 반드시 세상에 나아가 무엇인가를 하는 것만이 세상을 위하는 길은 아니라고 반박했다.

남시보는 남언경南彦經(1528~1594)을 가리킨다. 시보는 그의 자이고, 호는 정재靜齋 또는 동강東岡이며, 화담 서경덕의 문인이다.

'위아지학'은 세상을 위해 자신을 희생하지 않고 오직 자신만을 위하는 학문이라는 뜻으로 묵적墨翟의 겸애설兼愛說과 상반된다. 맹자가 "양자는 자신을 위함만 취하니 자신의 터럭 하나를 뽑아 천하를 이롭게

할 수 있더라도 하지 않는다楊子取爲我 拔一毛而利天下 不爲也"고 한 데서 온 말이다. 양자는 양주楊朱를 가리킨다.

주희가 인용한 불경은 『능엄경楞嚴經』이다. 『능엄경』 주석에는 "성과聖果를 얻고 중생을 제도하는 것이 불은佛恩을 갚는 것과는 상관없지만 이것으로써 보답하지 못하는 은혜에 보답하는 것을 삼는다"고 했다.

이연평은 송나라 학자 이통李侗(1093~1163)을, 양귀산은 북송의 학자 양시楊時(1053~1135)를 가리킨다.

주희는 세상에 진출해 의미 있는 일을 해보고 싶어하는 진량陳良에게 안연과 같이 독선기신獨善其身하는 삶으로써 세상의 학자들로 하여금 학문의 바른길이 무엇인지 알게 하는 것도 임금의 은혜에 대한 보답 아닌 보답이라고 했다. 그리고 『능엄경』에서 석가의 제자인 아난阿難의 말을 인용, 중생을 구제하는 것이 진정 부처의 은혜를 갚는 길이듯이 반드시 벼슬하여 일하는 것만이 임금의 은혜에 보답하는 길이 되는 것은 아니라고 했다. 두보의 시는 오랜 가뭄 끝에 흡족한 단비가 내릴 때의 농촌 풍경을 읊은 것이다. 주희는 이 시를 인용하여 남들이 다 세상에 진출한다고 해서 덩달아 나설 것이 아니라 나는 내 길을 가야 한다는 뜻을 은유했다. 양귀산의 시는 매화를 읊은 것이다. 굳이 차가운 눈과 맞서서 기개를 뽐내지 말고 밝은 달빛 아래 자태를 감추는 것이 좋다고 매화에게 말한 것이다. 사람들이 저마다 자기를 표현하느라 광장에 나서기를 좋아하는 오늘날 곱씹을수록 깊은 맛이 느껴지는 말들이다.

이황은 1569년(선조 2) 마침내 귀향을 허락받고 고향으로 돌아가는데, 이때 선조가 그에게 학문하는 선비 중 추천할 만한 사람이 있느냐고 묻자 이황은 '그 점에 대해서는 말하기가 어렵다'고 답한 뒤, 기대승을 추천했다. 다음은 그 추천의 말이다.

> 기대승과 같은 이는 글을 많이 보았고 이학理學에도 조예가 깊으니, 통유通儒라 할 수 있습니다. 다만 수렴하는 공부가 부족할 뿐입니다.
>
> 『선조수정실록』 2년 3월 1일

이황은 기대승을 당대의 가장 출중한 인물로 꼽았다. 다만 기대승의 단점은 뛰어난 재주를 감추지 않고 거침없이 자신의 생각을 드러내는 데 있다고 여겼다. 그래서 수렴하는 공부가 부족한 점이 아쉽다고 한 것이다. 기대승은 재주가 탁월한 만큼 기질도 날카롭고 과감한 면이 있었다. 재주가 뛰어날수록 남의 질시를 받기 쉬우므로 더욱더 자신을 낮추고 조심해야 하는 법이니, 기대승처럼 뛰어난 재주에 호승심好勝心까지 지니고 있는 사람은 화를 당하기 쉽다. 그래서 이황은 기대승의 이러한 면에 대해 평소 충고를 아끼지 않았다. 다음의 편지는 이 천거가 있은 뒤 고향에 내려간 이황이 기대승에게 보낸 것이다.

> 곤궁과 영달은 운명에 달린 것이니, 상대방이 내게 저렇게 하는 것도 운명일 뿐입니다. 다만 이러한 일에 부딪혔을 때 스스로 돌이켜 이치에 따

라 통렬하게 반성하지 않으면 안 됩니다. 요즘 사람들이 모두 영공에 대해 "남을 업신여기고 무시하며, 말을 삼가지 않고, 자신을 검속하는 데 소홀하다"고 하는데, 과연 그런 점이 있다면 통렬히 고쳐야 할 것이고 만약 없더라도 더욱 힘써야 할 것입니다. 또 듣건대 요즘 다시 술을 절제하지 않으니 오래지 않아 큰 병이 생길 것 같다 합니다. 영공은 무슨 까닭으로 이런 좋지 못한 평판을 얻게 된 것입니까?

이제 고향으로 가거든 부디 온갖 잡사雜事를 끊고 문을 닫고 들어앉아 다시 예전처럼 학문을 연구하여, 사색은 크게 하되 언행은 극히 단속하십시오. "말을 충신忠信하고 행실은 독경篤敬하게 하여, 일어서면 충신과 독경이 앞에 있고 수레에 있으면 충신과 독경이 멍에에 있는 것이 보이듯이 항상 충신과 독경을 떠나지 않아야 한다"[14]와 같은 성현의 지극한 말씀을 모두 빈말로 여기지 말고, 반드시 자신에게서 직접 보고 체험하길 기약하여, 영공에게 돌아올 중책을 저버리지 말기 바랍니다.

세상 사람들은 내가 사람을 알아보지 못하고 잘못 천거했다고들 다투어 말합니다. 그래도 내가 잘못 천거했다고 후회하지 않는 것은 내가 영공에게 기대하는 것은 다른 사람들이 다 알 수 있는 것이 아니기 때문입니다. 그런데 만약 종신토록 재기才氣에 휘둘리고 방탕한 습성에 얽매여 술을 마시고 노는 데 빠져서 끝내 성현과의 거리가 백천만 리나 멀어지게 된다면 세상 사람들이 영공을 공격하는 말이 진실로 사람을 알아본 것이 되니, 내 비록 잘못 천거했다고 후회하지 않고자 한들 그럴 수 있겠습니까.

공자께서 중궁仲弓에게 경敬과 서恕의 효과를 설명하시기를 "나라에 있어도 원망이 없고 집안에 있어도 원망이 없다"고 말씀하셨고, 주자는 왕단명汪端明이 벼슬을 그만두고 한가한 때를 얻은 것을 기뻐하면서 학문을 강론하고 마음을 바르게 하는 데 더욱 힘쓸 것을 권하셨으니, 영공께서도 깊이 생각하고 힘써 반성한다면 매우 다행이겠습니다. 끝으로 건강을 보살피고 진중하기를 바랍니다.

『퇴계집』권18

이황은 평소 건강을 잃을 만큼 술을 좋아하던 기대승에게 술을 자제하라고 간절히 충고했다. 기대승은 답장에서, 근래 병이 많아 술을 끊었고, 앞으로도 술을 끊도록 하겠다고 했다. 그러나 이때 기대승은 이미 이황이 염려한 대로 건강이 많이 나빠져 있었던 듯하다. 기대승을 진심으로 아끼고 염려하는 이황의 마음이 문장마다 배어난다.

왕단명은 단명전 학사端明殿學士를 지낸 왕규汪逵를 가리킨다. 한탁주韓侂胄가 주희의 이학을 위학僞學으로 지목하여 배척하며 명사名士들을 축출하자 상소하여 항변하다가 삭직되었다.

당초 인종이 재위 기간 1년이 채 못 되어 승하했다는 이유로 권신 윤원형이 문소전文昭殿에 인종을 부묘祔廟하지 않았다. 그 뒤를 이은 명종을 문소전에 부묘하게 되자 기대승을 비롯한 사림들이 인종도 함께 부묘할 것을 주장, 이에 반대하던 영의정 동고東皐 이준경李浚慶의 뜻을 거슬렀다. 이로부터 기대승은 당시 영의정의 미움을 받았고, 결국 조정을 떠났다. 위에서 상대방이 내게 저렇게 하는 것도 운명일 뿐이라고 한 것은 이때의 정황을 가리킨다.

이황은 기대승에게 사직하고 낙향하여 학문에 정진할 것을 간곡히 권유했다. 이황의 권유 때문인지 기대승은 첫 출사 이후 14년간 환로에 있으면서 기의 만 정도의 세월을 고향에서 보냈다. 그가 자의에 의해서건 타의에 의해서건 고향으로 돌아갔던 것은 마지막 치사까지 포함해 여섯 차례나 되었다.

고향에 돌아온 기대승은 곧바로 고마산顧馬山 남쪽에 낙암樂菴을 지어 그해 5월에 완공했다. 현재 기대승의 고향인 광주광역시 광산구 신룡동 용동마을에서 2킬로미터 남짓 떨어진 신촌마을 뒷산 낙암산이 바로 고마산이다.

이 무렵 이황과 기대승이 주고받은 편지에는 두 사람이 참으로 오랜만에 누리는 잠잠한 평온이 느껴진다.

나는 지난해 사직하고 돌아온 뒤로 겨우 한 차례 사직을 청하여 윤허를 받지 못하고는 성상聖上을 번독煩瀆할까 몹시 두려워 몸을 사리고 입을 다문 채 올해에 이르렀습니다. 이제 마침 나이 일흔이라 치사할 시기가 되었기에 감히 성상께 글을 올려 모든 직임을 벗겨줄 것을 청했으니, 윤허받지 못할 리 없을 것입니다. 만일 윤허받지 못한다면 속속 글을 올려 기필코 뜻을 이루고야 말 작정입니다. 명분이 바르고 말이 이치에 맞으니, 성상을 번독할 염려는 생각하지 않아도 될 듯합니다. 이 소원을 이룬

다면 산은 더욱 깊어지고 물은 더욱 멀어지며, 글은 더욱 맛이 있고 가난해도 더욱 즐거울 수 있으리라 생각합니다.

『퇴계집』 권18

벼슬을 그만두고 고향에 돌아와 집 안에 거처하며 예전에 공부한 글들을 다시 읽으며 이치를 사색하노라니 자못 맛이 있습니다. 이에 고인古人들처럼 누추한 집에서 편안히 거처하며 변변찮은 음식을 달게 먹는 것을 거의 바랄 수 있게 되었습니다. 살고 있는 집이 산기슭에 가깝기에 작은 초암草庵을 새로 지어 한가로이 기거할 곳으로 삼고자 합니다. 낙樂 자를 이 초암의 이름으로 걸고자 하니, 지난번에 주신 편지에서 "가난해도 더욱 즐거울 수 있으리라"라고 하신 말씀을 말미암아 제 마음에 바라는 뜻을 깃들인 것입니다. 산은 비록 높지 않으나 시야가 두루 수백 리로 펼쳐져 있어 집이 다 지어져 거처하면 참으로 조용하게 공부하기에 알맞을 것입니다. 여기에서 공부를 하노라면 그 정경情境에 절로 일어나는 흥취가 없지 않을 터이니, 이밖에 세상의 부질없는 일 따위야 무슨 개의할 게 있다고 다시 입에 올리겠습니까.

『양선생왕복서』

이황이 보내고 기대승이 답한 두 통의 편지에서 각각 일부만 뽑은 것이다. 이황의 편지는 1570년 1월 24일에 보낸 것이고, 기대승의 편지는 그해 4월 17일에 보낸 것이다.

위 이황의 편지에서, 산은 더욱 깊어지고 물은 더욱 멀어진다는 것은 세상을 떠나 깊이 은거함을 뜻한다. 가난해도 더욱 즐겁다는 것은 자공子貢이 가난해도 아첨하지 않고 부유해도 교만하지 않으면 어떠합니까貧而無諂 富而無驕 何如?"라고 물은 데 대해 공자가 "그것도 괜찮지만 가난해도 도를 즐기고 부유해도 예를 좋아함만은 못하다可也 未若貧而樂富而好禮者也라고 한 데서 온 말이다. 「술이述而」편에 보인다. 또한 공자가 제자 안회를 두고 "한 그릇의 밥과 한 바가지의 물로 누추한 마을에 사는 것을 사람들은 그 근심을 견디지 못하는데, 안회는 그 즐거움을 바꾸지 않는구나. 어질도다, 안회여一簞食一瓢飮 在陋巷 人不堪其憂 回也不改其樂 賢哉回也라고 했다. 모두 『논어』에 있는 말들이다. 그저 가난을 편안히 여길 뿐만 아니라 책에서 진리를 아는 참된 맛을 느낄 것이라고 했으니, 이것이 소위 가난을 편안히 여기고 진리를 즐긴다는 안빈낙도의 삶이다. 위 고봉의 편지에서 말한 '누추한 집에서 편안히 거처하며 변변찮은 음식을 달게 먹는 것'도 안빈낙도의 삶임은 말할 나위 없다. 기대승이 살던 곳은 산이 높지 못했다. 그래서 이황의 말을 받아서 '산은 비록 높지 않으나'라고 했으니, 재치 있는 화답이다.

  이황은 노병을 이유로 누차 사임하여 1569년 3월에야 69세의 나이로 우찬성을 벗고 명예직인 판중추부사를 띤 채 돌아왔고, 기대승은 44세 때인 1570년 2월에 성균관 대사성을 사임하고 귀향했다. 이황이 도산에 돌아온 뒤에도 계속하여 사직을 청했던 것은 이 판중추부사의 직함에서마저 벗어나길 바랐던 것이다.

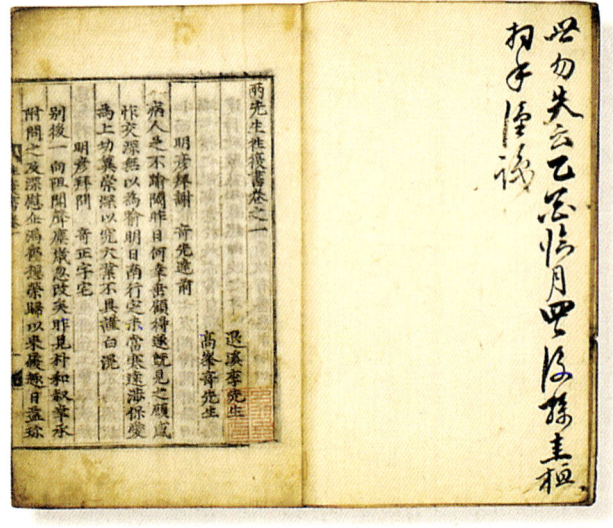

『양선생서』, 편자 미상, 32.3×21.1cm, 조선 후기, 국립중앙박물관.

위 기대승의 편지에 대해 이황은 그해 7월 12일에 답장과 함께 낙암에 대한 기문記文과 액자額字도 써서 보내주었다. 기문에서 이황은 낙암에 가보지 못하는 것을 아쉬워했다.

이듬해 여름에 홍문관 부제학, 이조참의에 연이어 제수되었으나 기대승은 모두 부임하시 않고 낙암에 굳게 은거하고 있었다. 그러나 그 다음 해인 1572년 2월에 종계변무주청사로 조정이 부르자 국가의 중대한 일이라 일어나지 않을 수 없었다. 그렇지만 기대승은 그해 10월에 벼슬에서 사퇴하고 다시 낙향하다가 천안에 이르러 갑자기 발병했고, 태인에 이르자 병세가 더욱 위독해져 11월 1일에 운명하니, 향년 겨우 46세였다.

이황과 기대승이 주고받은 편지는 100통이 넘지만, 기대승은 불과 세 차례 서울에서 이황을 만날 수 있었을 뿐이다. 그리고 이황은 인품이 겸허하고 신중한 반면 기대승은 호탕하고 과감했다. 그러나 이황은 그의 문하에 출입한 사람들 중 기대승을 가장 깊이 인정했다. 앞서 소개했듯이, 이황이 벼슬을 그만두고 조정을 떠날 때 선조가 신료들 가운데 뛰어난 이를 추천해줄 것을 청하자 기대승만 언급했던 것을 봐도 알 수 있다. 이황은 또 임종할 때 유언으로 "비석을 세우지 말고 작은 돌에다 앞면에는 '퇴도만은진성이공지묘退陶晚隱眞城李公之墓'라고 쓰고 뒷면에는 세계世系와 출처出處만 간략하게 기록하라. 기고봉 같은 사람이 이런 글을 짓게 되면 필시 장황하게 나의 행적을 서술하여 세상의 비웃음을 사게 될 것이다"라고 했으니, 기대승을 내심 가장 뛰어난 제

惠
月十五日所裁而託鄰邑子弟轉寄以
警我以稜角之太露又申之以時事之
可慮剕平物格無極之訓釋繳紛洪反不
克合者竟同歸而益起感幸之忱慰滿之
衷言固不可以喻而心亦不能以容也以為如
此維未浔陪
枝稅
信效亦之以滌離悲而發恩蒙也繼於是月之
望因李生咸亨之伻仰修一狀以達區區之

奇高峯

維隆慶五年歲次辛未正月甲子朔初四日
丁卯後學高峯奇大升遠具酒果之奠再
拜哭送敢告于
退溪先生靈座之前曰嗚呼痛哉梁木之壞而
之間地下憐晚學之失依曷爲不使我骨驚
兩魂飛也嗚呼痛哉粵在去歲佛冬之初
妾拜一書以問
起居矣俄於便中獲奉

『도산제현유묵』, 한국국학진흥원. 고봉 기대승이 퇴계의 영좌 앞에서
애통한 심정을 읊은 것으로, 퇴계 제자들의 글을 묶은 『도산제현유묵』에 실려 있다.

월봉서원 전경. 1578년 김계휘(金繼輝)를 중심으로 한 지방 유림의 공의로 기대승의 학문과 덕행을 추모하기 위해 광주광역시 비아면 산월리에 망천사(望川祠)를 창건해 위패를 모셨으며, 1646년(인조 24)에 지금의 위치로 이전하고 1654년(효종 5)에 '월봉'이라고 사액되었다. 현재는 광주광역시 광산구 광산동에 있다.

월봉서원 빙월당.

자로 인정하고 있었던 셈이다.

이황은 1569년 3월에 도산서당에 돌아와서 그 이듬해 12월에 세상을 떠났고, 기대승은 1570년 2월에 낙향하고 5월에 낙암을 완공하여 안돈安頓하다가 1572년 2월에 조정에 가서 그해 11월에 운명했으니, 두 사람 모두 꿈에 그리던 자신의 삶을 채 2년도 살지 못한 것이다. 그러나 자칫하면 자기 삶을 잃은 채 부질없이 각축하다가 떠나기 쉬운 인간 세상에서 두 사람은 삶의 깊고 참된 즐거움을 알고 누리다 갔으니, 단지 아쉽다고만 할 수는 없을 것이다.

1570년 12월, 전라도 나주에서 이황의 부음을 들은 기대승은 신위神位를 차려놓고 곡하고 제문에서 "놀라 울부짖고 목 놓아 통곡하며 애통함이 가슴에 사무쳐 이 몸이 살아 있음도 스스로 알지 못했습니다" 하면서 스승을 여읜 슬픔을 토로했다. 그리고 이듬해에는 이황의 묘갈명, 광명壙銘을 지었다.

3장
퇴계·고봉의 논쟁과 몇 가지 오해

1. 사칠논변의 의의 | 2. 사칠논변의 시말 | 3. 이황과 기대승의 논리 | 4. 이제 그 사상사적 의의를 돌아보니

사칠논변의 의의

이황과 기대승 사이에서 벌어진 이른바 사칠논변은 우리 사상사의 가장 큰 흐름의 시원이 되었다. 성리학에서는 대체로 인간의 마음을 본체인 성性과 작용인 정情으로 나누며, 다시 정에서 감정적인 측면을 가리켜 칠정七情이라 하고 이성적인 측면을 가리켜 사단四端이라 한다. 따라서 사단과 칠정은 우리 마음에서 일어나는 정이라는 점에서 같고 원래 두 가지가 있는 것은 아니다. 사단은 『맹자』「공손추公孫丑」에 나오는 말로 이른바 측은지심惻隱之心, 수오지심羞惡之心, 사양지심辭讓之心, 시비지심是非之心의 네 가지 감정을 가리킨다. 그리고 칠정은 『예기禮記』「예운禮運」에 나오는 말로 기쁨喜·노여움怒·슬픔哀·두려움懼·사랑愛·미움惡·욕망欲의 일곱 가지 감정을 가리킨다. 그런데 맹자는 사단을 말하면서 이를 인간 본성에서 나오는 고유한 양심으로 규정하고 이를 확충하면 인격을 완성해 성인이 될 수 있다고 했다. 그런데 『예기』에서는 칠정을 말하면서 이를 잘 단속해야 한다고 했다. 따라서 사단과 칠정은 둘 다 인간의 감정이지만, 그 말이 생겨난 전거典據가 다르고 그 개념도 다르다. 바로 이 점이 사칠논변에서 이황과 기대승의 견해가 갈리는 분기점이 된다.

이황은 사단은 이理에 속하고 칠정은 기氣에 속한다고 보아 둘을 뚜렷이 나누었다. 이황은 사단과 칠정이 똑같은 정이지만 원래 개념이 서로 다르니, 이를 변별하지 않으면 학문하는 길을 바로 세울 수 없다고 보았다. 기대승은 사단과 칠정이 본래 같은 것이니 둘로 나누어서는 안 된다며 이를 반박했다. 기대승의 생각은 인간의 보편적인 감정을 정이라 하고 칠정은 정 전체를 대표하는 것이므로 사단은 칠정에 포함되는 부분집합이라 할 수 있으니 이 둘을 상대적인 개념으로 정의하여 둘로 나누어서는 안 된다는 것이다.

이 논변에서 이황은 주로 사단과 칠정을 나누어 보고 기대승은 주로 사단과 칠정을 합하여 보았다. 기대승은 '사단은 칠정에 속하는 것이므로 전체인 칠정과 그 부분인 사단을 상대하는 개념으로 설정할 수 없다'고 하고, 이황은 '마음의 작용인 정情의 일반적인 개념을 말할 때에는 칠정이 정 전체를 포괄하는 것이므로 이理·기氣의 합일로 말할 수 있지만 사단과 칠정을 상대하여 말할 때에는 사단을 이 쪽에, 칠정을 기 쪽에 각각 분속分屬할 수 있다'고 했다. 이러한 이황의 설을 호발설互發說이라고 한다. 즉 이와 기가 상호 발한다는 것이다. 이 논변에서 이·기를 이황과 같이 나누어 보는 것을 분개分開 또는 분개간分開看이라고 하고, 기대승과 같이 합하여 보는 것을 혼륜渾淪 또는 혼륜간渾淪看이라고 한다.

그런데 이황과 기대승 사이에 벌어진 이 사칠논변의 결말에 대해서는 예로부터 학파에 따라 엇갈린 주장이 있어왔다. 대개 이황의 학설을 따르는 영남학파 쪽에서는 기대승이 이황의 학설에 승복했다고 주장하고 이이의 학설을 따라 기대승 쪽에 가까운 기호학파에서는 이황이 기대승의 학설에 승복했다고 주장한다.

이 장에서는 이 사칠논변의 결말과 그 의의에 대해 살펴볼 터인데, 결론부터 말하면, 기대승은 이황의 호발설을 긍정했고 이황은 기대승의 일부 중요한 지적을 받아들였다. 원래 기대승이 이황의 호발설을 부정했던 이유는 칠정은 이·기를 겸하는데, 칠정을 사단과 상대하는 개념으로 간주하여 사단을 이발理發(이가 발한 것), 칠정을 기발氣發(기가 발한 것)이라 하면 칠정 중 '이 한쪽 측면理一邊'이 사단에게 점유되어 칠정의 선악은 전적으로 기 쪽에서만 나오는 것이 된다는 데 있었다. 그런데 성에 본연지성本然之性과 기질지성氣質之性의 구별이 있듯이 정에서도 사단과 칠정을 이와 기에 각각 분속할 수 있다고 한 이황의 주장에 동의한 것이다. 그러나 기대승은 '사단과 칠정이 마음에서부터 소종래所從來가 다르다'고 하고, 맹자의 기쁨, 순 임금의 노여움, 공자의 슬픔·즐거움과 같은 성인의 정도 기발이라고 한 이황의 주장에는 반대했다. 이황은 기대승의 이 견해를 받아들였고, 뒷날 이황은 자신의 정설을 집약한 『성학십도聖學十圖』「심통성정중도心統性情中圖」에서 기대승의 설을 수용했다.

이 논변에서 이황은 혼륜과 분개라는 용어를 써서 이와 기를 하나

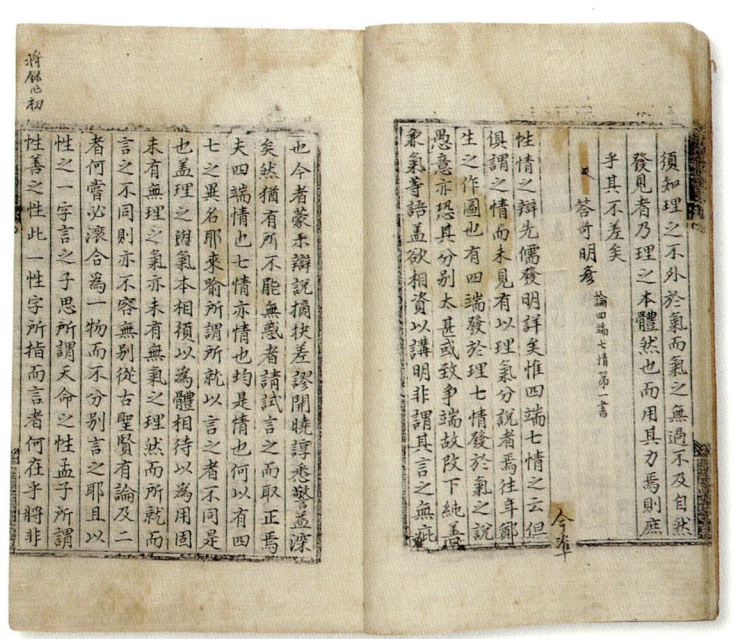

『논사단칠정서』, 이황·기대승, 21.8×33.0cm, 16세기, 유교문화박물관.

로 합쳐서 보기도 하고 둘로 나누어 보기도 해야 한다고 주장했다. 주자가 이와 기의 관계를 설명하는 이기론에만 사용하던 혼륜과 분개의 개념을 마음에서 성·정의 관계를 설명하는 심성론에 적용, 성정의 개념 및 정의 전체성과 변별성을 정밀히 분석해낸 것은 이황이 이뤄낸 큰 학문적 성과다.

한편 이황의 호발설을 반박하다보니 기대승은 혼륜 쪽에만 치우쳤고, 기대승의 주장에 대응하다보니 이황은 혼륜과 분개 양자의 균형을 잃고 분개 쪽에 조금 치우치지 않을 수 없었다. 이러한 과정에서 두 학자는 서로 상대편의 치우침을 경계하면서 자신의 논리를 더욱 정교하게 다듬을 수 있었다. 그리하여 이 논변이 향후 조선의 성리설 논쟁의 가장 큰 쟁점이 될 수 있었다.

조선의 성리학은 당쟁의 와중에서 지나치게 감정이 격화되어 이기론에서도 상대방을 공격하기 위한 논거를 찾는 데 급급했다는 점에서는 당연히 비판을 받아야 한다. 그러나 이러한 부정적인 측면이 위기대승과 이황의 비유처럼 서로 치우치는 면을 경계한다는 면에서는 긍정적으로 작용해 주자학의 이기심성론을 더욱 심화시킬 수 있었다.

사칠논변의 시말

논쟁의 발단과 진행

계축년(1553) 가을, 추만秋巒 정지운鄭之雲(1509~1561)이 자신이 만든 「천명도설天命圖說」을 들고 이황을 찾아가 질정을 받았고, '사단은 이에서 발하고 칠정은 기에서 발한다四端發於理 七情發於氣'고 한 정지운의 설을 이황이 '사단은 이의 발이요 칠정은 기의 발이다四端理之發 七情氣之發'로 고쳤다. 그 뒤 정지운은 이황의 견해를 받아들여 개정한 도설을 가지고 와서 이황에게 보여주었고, 이황이 그것을 다시 교정·정리했다. 이해 12월에 이황은 「천명도설후서天命圖說後敍」를 지어 정지운에게

天命圖解序

中庸之書以天命二字為一篇之始余嘗取以究之蓋天之所以命物者即其一理也一理在天合之為一本散之為萬殊在一而不為有餘在萬而不為不足故吾人之受命于天也亦能全得其理而無多無寡焉然則天人之際雖有大小之殊其理則天未始不為人人未始不為天而少無一毫可容之間矣是以子思子當道學幾廢之時作書示人而首言天命以明此理之在天在人者未嘗不一此余之所以承其遺意而作圖者也然既有此理則又有此氣而後理有所寓故有理則斯有氣有氣則斯有理是以天之於物也其所以命之者雖此一理而其所以飛之者實由乎二氣故吾人之生也其所受之性則果無間於天也其所稟之氣質則有清濁粹駁之不齊故始與天之者有由是余因子思子天命之言劍為命圖所或不能無間焉由是余因子思子天命之言劍為命圖所必以心圖置乎其下以具其理氣然後分書善惡于余左右見其善為天理所發而屬于陽惡為人欲所發而屬于陰

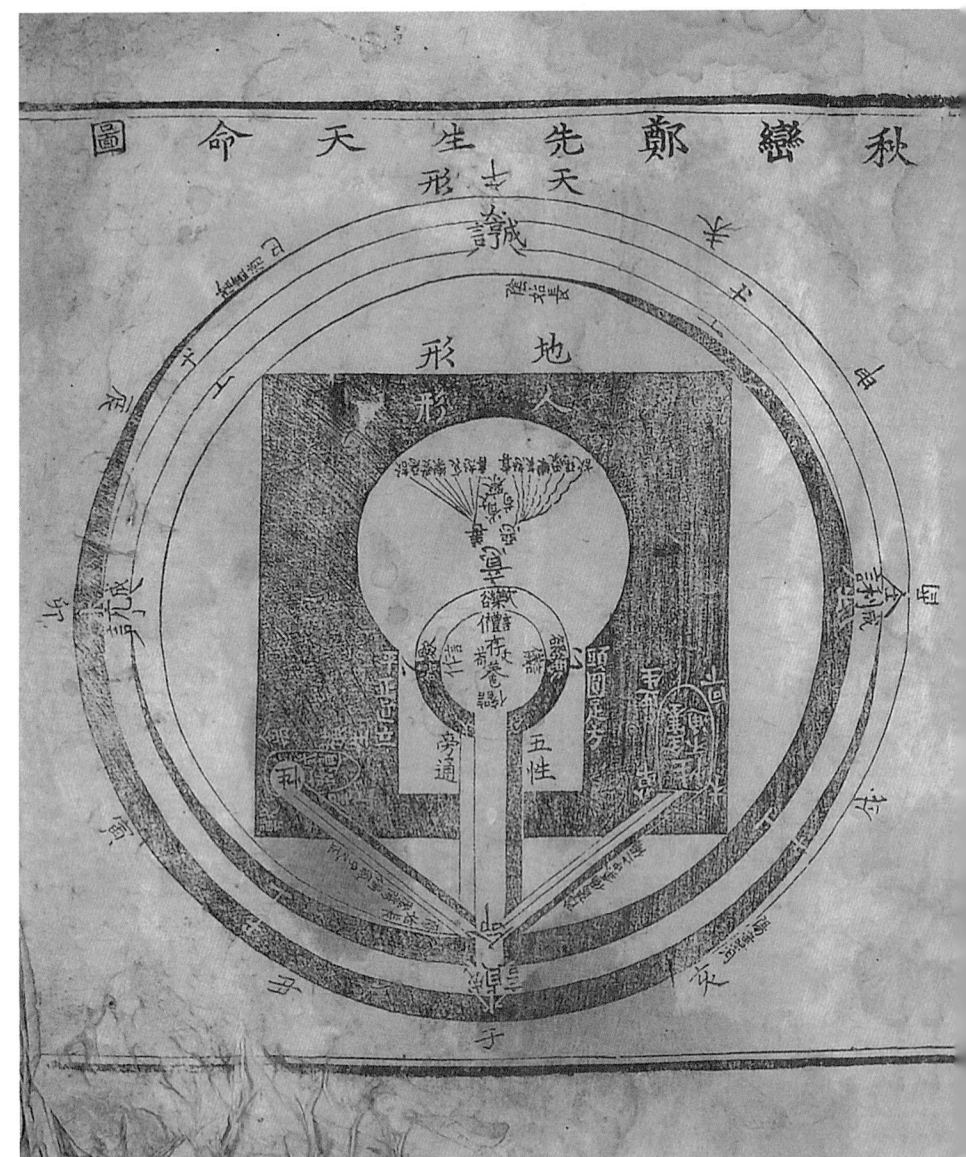

정지운의 『천명도해』. 하늘은 태극음양으로 조화를 이루며, 시간의 개념인 십이간지十二干支와 자연의 순환인 원형이정元亨利貞을 써놓았다. 이황은 『천명도설』에서 사단四端이 이치理가 발현한 것으로, 칠정七情은 기氣가 발현한 것으로 정리했고, 이에 대해 기대승은 문제가 있다며 비판을 제기했다.

주었고, 이듬해 정월 정지운은 「천명도설서天命圖說序」를 지었다. 그리고 무오년(1558) 가을, 정지운이 「천명도설」을 가지고 기대승을 찾아와 토론했고, 기대승은 「천명도설」을 보고 위 이황의 설에 이견을 제시했다.

두 사람의 토론을 전해 들은 이황이 "사단이 발함은 순리純理이므로 선하지 않음이 없고, 칠정이 발함은 겸기兼氣이므로 선악이 있다四端純理故無不善 七情兼氣故有善惡"로 자구를 수정해 기대승에게 편지를 보낸다. 이것이 두 사람 사이에 벌어진 사칠논변의 시작이다.

이황의 편지를 받고 기대승은 답장을 보내 반론을 펴는데, 그 요지는 '사단과 칠정은 모두 본체인 성性이 발한 것으로 정情이라는 점에서 같고, 사단은 칠정 중 '선 한쪽 측면善一邊'이므로 사단과 칠정을 상대적인 개념으로 말하여 각각 이·기에 분속해서는 안 된다. 칠정을 '기를 겸한 것兼氣'이라 하면 앞의 설보다 다소 나은 듯하지만 그래도 사단은 칠정을 벗어난 것이 아니므로 이 둘을 상대적인 개념으로 말해서는 안 된다'는 것이다. 그는 사단과 칠정은 '나아가 말한 바가 다르기所就而言之者不同' 때문에 구별이 있을 뿐이지 칠정 밖에 따로 사단이 있는 것은 아니라고 했다. 즉 하나의 사물을 관점을 달리하여 표현했을 뿐이지 그 내용은 두 가지 뜻이 있는 것이 아니라 실상 같다는 것이다. 다시 말하면 사단은 칠정의 한 면 또는 부분집합이라고 할 수 있으므로 이 양자를 나누어 이·기로 대립시켜서는 안 된다는 것이다.

이에 대해 이황은 사단과 칠정은 비록 내용이 같은 하나의 정이지만 기대승이 말한 대로 '나아가 말한 바가 다르기' 때문에 그 개념을 다르게 정의해야 한다고 주장한다. 이황의 생각은 '사단과 칠정 모두 이와 기가 합일한 것이지만 사단은 그중에서 이 쪽만 가리켜 정의했듯이 칠정은 기의 작용이 크므로 기 쪽에 소속시킬 수 있다. 그렇지 않다면 옛 성현들이 무엇 하러 굳이 그 명칭을 달리했겠는가'라는 것이다. 그리고 이황은 '마음의 본체인 성을 본연지성·기질지성으로 나누어 이·기의 구분을 두었으니, 마음의 작용인 정도 이·기로 구분하지 못할 것이 없다'고 하고, 『주자어류』의 "사단은 이의 발함이요 칠정은 기의 발함이다四端理之發 七情氣之發"라는 구절을 자신의 설에 대한 논거로 제시한다.

여기서 주목해야 할 것은 기대승과 이황 둘 다 '나아가 말한 바가 다르기' 때문이라는 말을 자신의 입론의 근거로 삼는다는 점이다.

위 이황의 주장에 대해 기대승은 다시 편지를 보내 반박하는데, 그 요지는 '사단은 칠정 속에서 이만 가리켜 말한 것이므로 칠정에 속하는 것인데 사단과 칠정을 각각 이·기로 나누어 상대적인 개념으로 말하면 마치 사람의 마음속에 두 가지 정이 있어 하나는 이가 발하고 다른 하나는 기가 발하는 것으로 오인될 수 있다'는 것이다. 즉 이황의 설에 따르면, 마음에 이·기 두 가지 근본이 있고 이 근본이 발하여 두 가지 정이 되니, 논리적으로 맞을 수 없다는 것이다. 바로 기대승이 지적한 이 문제점 때문에 오늘날 이황의 성리설을 이기이원론理氣二元論으로 정의하게 되는 것이다.

기대승의 이 반론에 대해 이황은 '이치를 볼 때는 같음에 나아가 다름이 있음을 알고 다름에 나아가 같음이 있음을 알아서, 나누어 둘로 만들어도 본래 분리된 적이 없고 합하여 하나로 만들어도 실상은 서로 섞이지 않을 수 있어야 한다'[15]는 논리를 세워 '다름은 같음을 전제한 다름이고 같음은 다름을 포함한 같음이므로 근본이 둘이 될 우려가 없음'을 말한다. 그리고 이황은 '마음이 이와 기의 합일이듯이 마음의 작용인 정도 이와 기가 합일한 것이다. 따라서 정의 일반적인 개념을 말할 때는 칠정이 사단을 포함하여 둘을 나눌 수 없지만 칠정과 사단을 상대적인 개념으로 말할 때는 중점을 두는 바에 따라 이와 기에 각각 분속하는 것이 불가할 게 없다'고 한다. 여기서 이황은 '사단은 이가 발하여 기가 따르고 칠정은 기가 발하여 이가 탄다四端理發而氣隨之 七情氣發而理乘之'라고 하는 이른바 사칠호발설四七互發說을 제시한다. 그러나 기대승은 여전히 정은 이·기를 겸한 것이므로 기만으로 정의할 수 없다는 주장을 굽히지 않는다.

이상에서 살펴본 기대승과 이황의 논변을 요약해보면, 기대승은 '사단은 칠정에 속하는 것이므로 전체인 칠정과 그 부분인 사단을 상대하는 개념으로 설정할 수 없다'고 하고, 이황은 '마음의 작용인 정의 일반적인 개념을 말할 때에는 칠정이 정 전체를 포괄하는 것이므로 이·기의 합일로 말할 수 있지만 사단과 상대하여 말할 때에는 칠정을 기쪽에 소속시킬 수 있다'고 한다. 이것이 양자 논변의 핵심이다.[16]

주요 쟁점과 결말

　기대승은 칠정을 기에 소속시킬 수 없는 이유로 칠정은 이·기를 겸하는데 칠정을 사단과 상대적인 개념으로 설정하여 사단을 이발理發, 칠정을 기발氣發이라고 하면 칠정 중 '이 한쪽 측면理一邊'이 사단에게 점유되어 칠정의 선과 악이 모두 기에서만 나오는 것이 된다고 지적하고, 『중용』의 희로애락喜怒哀樂이 절도에 맞는 달도達道와 순 임금의 노여움, 공자의 슬픔·즐거움, 맹자의 기쁨과 같은 성인의 정은 칠정에 속하는 것이지만 사단과 다르지 않은데 이를 기발이라 할 수 있겠느냐고 반문한다.

　이황의 설 가운데 기대승이 문제가 있다고 지적한 것들을 발췌하면 다음과 같다.

　① 사단과 칠정, 둘을 상대해놓고 그 향상의 근원을 미루어본다면 실로 이·기의 다름이 있으니, 어찌 서로 다른 뜻이 있지 않다고 할 수 있으리오. 二者對擧而推其向上根源, 則實有理氣之分, 安得爲非有異義耶?

　사단과 칠정이 비록 동일한 정이지만 소종래의 다름이 없지 않다. 만약 소종래가 둘이 아니라면 사단과 칠정은 무엇을 근거로 다르게 말했겠는가. 雖同是情而不無所從來之異, 若所從來本無二, 則言之者何取而有不同耶?

　사단의 소종래가 이미 이이고 보면 칠정의 소종래가 과연 기가 아니고 무엇이겠는가.

四之所從來, 旣是理, 七之所從來, 果非氣而何?

『양선생사칠·이기왕복서兩先生四七理氣往復書』

② 맹자의 기쁨과 순 임금의 노여움과 공자의 슬픔과 즐거움은 기가 이에 순종하여 발하여 터럭만큼의 구애도 없기 때문에 이의 본체가 고스란히 드러난 것이다. 일반 사람이 어버이를 보고 기뻐하고 상喪을 만났을 때에 슬퍼하는 것 역시 기가 이에 순종하여 발하는 것이다.

舜之怒·孔子之哀與樂, 氣之順理而發, 無一毫有碍, 故理之本體渾全. 常人之見親而喜, 臨喪而哀, 亦是氣順理之發.

『양선생사칠·이기왕복서』

①은 사단과 칠정을 심중의 근본에서부터 다르다고 분명히 구분한 것이고, ②는 칠정은 어디까지나 기발氣發로 정의될 수밖에 없음을 주장한 것이다.

논변을 마치면서 기대승은 자신의 견해를 정리한 「사단칠정설」과 「사단칠정총론」을 보낸다. 여기서 기대승은 이황이 논거로 제시한 '성에 본연지성·기질지성의 구분이 있듯이 정에도 이·기의 구분을 있을 수 있다'는 것과 정이程頤의 「호학론好學論」에서 말한 정은 기발로 정의할 수 있다는 것을 수긍하여, 이황의 호발설을 긍정한다. 그러나 기대승은 사단과 칠정은 심중에서 소종래가 다르다는 것과 맹자의 기쁨,

순 임금의 노여움, 공자의 슬픔·즐거움은 기가 이에 순응해 발하여 터럭만큼도 막히지 않으므로 이의 본체가 온전히 드러난 것이라 한 이황의 설은 부정했다. 아래 ①은 기대승이 긍정한 설이고 ②는 기대승이 부정한 설이다.

① 이전에는 칠정이 발하여 절도에 맞는 것은 사단과 다름없다고 여겼습니다. 그래서 사단·칠정을 이·기에 분속하는 것에 대해 의심을 두어 '정이 발함은 이·기를 겸하고 선·악이 있는데 사단은 이에서 발하여 선하지 않음이 없는 것만 오로지 가리켜 말했고 칠정은 진실로 이·기를 겸하고 선·악이 있는 것을 가리켜 말한 것이다. 만약 사단을 이에 분속하고 칠정을 기에 분속하면 이는 칠정의 '이 한쪽 측면理一邊'이 도리어 사단에 점유되어 선·악이 있다고 한 것이 단지 기에서만 나오는 것처럼 될 터이니, 이는 말뜻에 있어 의심스러운 점이 없을 수 없는 것이다'라고 생각했습니다. 그러나 주자가 말한 '사단은 이가 발한 것이고 칠정은 기가 발한 것이다'라는 것을 반복해 연구해보니, 아무래도 맞지 않는 점이 있었습니다. 그래서 반복해 생각해보고서야 비로소 전일에 제가 주장한 설은 고찰이 부족했음을 알았습니다.

맹자가 사단을 논하면서 확충하고자 했으니, 사단이 이가 발한 것임은 진실로 당연합니다. 정자伊川가 칠정을 논하면서 '정이 치성熾盛하여 더욱 동탕動蕩하면 본성을 해치게 된다. 그러므로 선각자는 정을 단속하여 중도에 맞게 한다' 하였습니다. 대저 칠정이 치성해 더욱 동탕하므로 단속하여 중도에 맞게 하고자 했으니, 칠정이 기가 발한 것임이 사실이 아니겠습니까. 이로써 보건대 사단·칠정을 이·기에 분속함은 의심할 필요가 없으며, 사단과 칠정이라는 명칭의 개념은 진실로 소이연이 있으니 살피지 않아서는 안 됩니다.

『양선생사칠·이기왕복서』

② 보내온 서찰에서 '맹자의 기쁨, 순 임금의 노여움, 공자의 슬픔과 즐거움은 기가 이에 순응하여 발하여 터럭만 한 장애도 없었다' '사단과 칠정이 각각 소종래가 있다' 등의 말은 모두 온당치 못하다고 생각합니다. 대저 발하여 모두 절도에 맞는 것을 화和라고 하니, 화는 바로 이른바 달도達道입니다. 만약 보내온 서찰의 말씀대로라면 달도를 '기가 발한 것'이라 할 수 있겠습니까?

『양선생사칠·이기왕복서』

기대승의 「사단칠정후설」에서 발췌한 것이다. 「사단칠정총설」은 이러한 견해를 종합 정리하여 자신의 설을 정정한 것으로 고쳐 확정한 것일 뿐 다른 견해는 없다.[17] 달도는 『중용』에 나오는 말로 온 세상에 두루 준칙이 될 수 있는 정情임을 뜻한다. 따라서 달도는 이가 되어야지 기가 될 수는 없다는 것이다.

이에 대한 답서에서 이황은 이렇게 말했다.

사단칠정총설, 후설 두 편은 의론이 극히 명쾌하고 안목이 참으로 정당하여 홀로 넓게 트인 경지를 보고 터럭만 한 미세한 차이에서 종전 견해의 차오差誤를 가려내어 단박에 고쳐서 새로운 뜻을 따랐으니, 이는 더욱 사람들이 하기 어려운 것입니다. 매우 훌륭합니다. 논한 나의 설 중에서 성현의 희로애락 및 각각 소종래가 있다는 설은 과연 온당치 못한 점이 있는 듯하니, 감히 반복해 생각해보지 않을 수 있겠습니까.

『양선생사칠·이기왕복서』

퇴계는 그 뒤 김취려金就礪에게 보낸 편지에서도 이와 같은 뜻을 말했으며,[18] "처음에는 의견이 들쭉날쭉하여 달랐으나 끝내는 의견이 같아졌다" 했으니, 이를 보면 논변의 대체大體에서는 기대승이 이황의 견해를 따랐고, 이황도 중요한 쟁점에서 기대승의 지적을 받아들였음을 알 수 있다.

양자의 논변은 여기서 끝나고, 훗날 이황은 자신의 정설을 집약한 『성학십도』「심통성정중도」에서 기대승의 설을 수용한 면을 보인다. 이는 다음 장에서 논하겠다.

이황과 기대승의 논리

혼륜과 분개의 힐항詰頏

앞 장에서 기대승과 이황 두 사람이 모두 '나아가 말한 바가 다르다所就而言之者不同'는 것을 자기 설의 논리적 근거로 삼았음을 여기서 다시 떠올릴 필요가 있다. 이는 같은 말이지만 양자가 서로 반대의 의미로 썼으니, 기대승은 사단칠정이 가리켜 말한 바가 다를 뿐 내용은 같다고 하고, 이황은 가리켜 말한 바가 다르므로 그 개념을 달리 정의할 수밖에 없다고 했다. 이것이 두 사람이 사칠논변에서 각각 의지한 논리의 다름이다. 먼저 이황의 논리를 보자.

> 옛사람은 사람이 말을 타고 출입하는 것으로 이가 기를 타고 행하는 것을 비유했는데 이것이 매우 좋다. 사람은 말이 아니면 출입하지 못하고 말은 사람이 아니면 궤도를 잃으니, 사람과 말이 서로 붙어 분리되지 않지만 사람이 이를 가리켜 말하는 자가 혹 범연히 가는 것을 범연히 가리켜 말할 경우에는 사람과 말이 모두 그 가운데 있으니, 사단·칠정을 혼륜하여 말하는 것이 이것이다. 혹 사람이 가는 것만 가리켜 말할 경우에는 굳이 말까지 아울러 말하지 않더라도 말이 가는 것은 그 가운데 있으니, 사단이 이것이다. 혹 말이 가는 것만 가리켜 말할 경우에는 굳이 사람까지 아울러 말하지 않더라도 사람이 가는 것은 그 가운데 있으니, 칠정이 이것이다.

공은 내가 사단·칠정을 분별하여 말하는 것을 보면 매양 혼륜하여 말한 것을 인용하여 공격하니, 이는 남이 '사람이 간다' '말이 간다'고 말하는 것을 보고 '사람과 말이 하나이니 나누어 말해서는 안 된다'고 힘써 말하는 셈이며, 내가 기발氣發로써 칠정을 말하는 것을 보면 이발理發이라고 힘써 말하니, 이는 남이 '말이 간다'고 말하는 것을 보고 굳이 '사람이 간다'고 말하는 셈이며, 내가 이발로써 사단을 말하는 것을 보면 또 기발이라고 힘써 말하니, 이는 남이 '사람이 간다'고 말하는 것을 보고 굳이 '말이 간다'고 하는 셈이다. 이는 주자가 말한 미장迷藏(숨바꼭질) 놀이와 같습니다. 어떻게 생각하십니까.

『양선생사칠·이기왕복서』

여기서 이황은 혼륜과 분별[19]이란 용어를 썼다. 이황에 따르면, 이와 기는 상수적相須的인 관계에 있으므로 각각 독립해 존재할 수는 없지만 가리켜 말하는바, 즉 관점에 따라 나누어 말하고 개념을 달리 정의할 수 있다는 것이다. 이황은 자신의 논리는 혼륜을 전제한 분별이요 분별을 포함한 혼륜인데 기대승이 이를 이해하지 못하고 한쪽 논리만 가지고 자신을 공격한다고 했다.

원래 이와 기의 관계를 주자학에서는 '일이이一而二·이이일二而一' '불상리不相離·불상잡不相雜'으로 표현한다. 즉 이와 기는 하나이면서 둘이고 둘이면서 하나여서 서로 분리할 수도 없고 서로 섞일 수도 없다는 뜻이다. 이·기의 관계가 이렇게 정의되기 때문에 주자학에서는 주희가 이미 이·기의 관계를 인식하는 논리로 혼륜과 분별의 두 관점을 말했다.

"일음일양一陰一陽을 도라 했으니, 음양을 어찌하여 도라 합니까?" "응당 이합離合하여 보아야 한다."

『주자어류』 권47

이는 『주역』「계사전繫辭傳」의 첫 구절을 놓고 제자와 주희가 문답한 것이다. 제자의 물음은 음양은 분명 형이하자인 기氣인데 이를 형이상자인 도라고 했으니, 이와 기를 혼동한 것이 아니냐는 것이었다. 주희의 대답에서 주목할 곳은 바로 '이합하여 본다離合看'는 것이다. 이는 이간離看과 합간合看을 묶은 것으로, 두 층차의 관점에서 사물을 보는 논리 구조를 통해 이와 기의 관계를 인식할 수 있다는 뜻이다. 즉 이와 기의 관계는 '서로 분리할 수 없는 것不相離'이면서 또한 '서로 섞일 수도 없는 것不相雜'이므로, 이와 기의 속성을 온전히 파악하고 설명하려면 경우에 따라 이와 기를 분리하여 말하기도 하고 합일하여 말하기도 할 수 있어야 한다는 것이다. 이때 이와 기의 관계를 분리하여 보면 이간이 되고 합일하여 보면 합간이 되는 것이다. 이간과 합간 대신 주희가 잘 사용하는 것이 혼륜渾淪과 분별 또는 분개分開인데, 그 개념은 같다.

이른바 이와 기는 결단코 둘이다. 다만 사물 상에서 보면 이 둘이 혼륜하여 분개할 수 없어 각 사물의 이와 기가 한곳에 있다. 그러나 이 둘이 각각 하나임에는 문제될 것이 없다.

『주자대전』 권46 「답유숙문答劉叔文」

만물은 모두 이와 기의 합일로 이루어져 있으므로 이와 기가 분리된 사물은 현상계에서는 결코 찾을 수 없다. 그러나 인식 논리 위에 놓고 보면, 예컨대 흰색 돌에서 흰색과 단단한 형질을 분리할 수 없지만 색과 형질을 나누어 볼 수 있듯이, 이와 기가 합일한 사물에서 이와 기의 개념을 나누어 정립하는 것이 가능하다는 것이다.

이학理學을 표방한 주희는 이·기를 하나로만 보고 말면 이는 기의 원리 내지 운동 법칙에 그쳐 결국 아무런 권능이 없는 사물死物이 되고 만다고 우려했다.

음양의 이는, 음양과 이가 합하는 곳도 있고 나뉘는 곳도 있으니 모든 사물이 다 이와 같다. 그런데 오늘날 절중浙中 지방의 학자들은 단지 합하는 곳, 혼일混一하는 곳만 말할 뿐 나뉘는 곳은 전혀 알지 못한다.

『주자어류』 권65

그래서 혼륜과 분개 중, 주희는 자신의 이론을 펼 때 주로 분개에 의거하는 경향이 많다.

혹자가 이일분수理一分殊에 대해 묻자 주자가 말하기를 "성인은 이가 하나理―임을 말한 적은 없고 분수分殊를 많이 말했다. 분수 중에서 모든 사물의 당연한 이치를 알 수 있어야 비로소 이가 본래 하나로 관통됨을 알 수 있다. 갖가지 다른 사물이 저마다 하나의 이를 갖고 있다는 것을 알지 못한 채 한갓 이가 하나임을 말한다면, 그 하나인 이는 도대체 어디에 있단 말인가?

『주자어류』 권27

만물의 이치가 제각각 다르기 때문에 현상계 전체를 관통할 수 있는 통일된 원리를 찾기 위해, 그 근본이 하나의 이임을 파악할 필요가 있는 것이지 만물을 떠나서 이가 하나임을 말한다면 공허한 관념의 세계일 뿐이라는 것이다. 다시 말하면 만물의 이치를 철저히 궁구하면 이가 하나라는 사실은 그 결과로 얻어지는 것이므로, 성현은 이가 만물에 다르게 구현되는 분수分殊를 많이 말했다는 것이다. 이것이 모든 것을 일심一心에 수렴하는 경향이 뚜렷한 불교와 다른 점이다.

주희는 본래 혼륜과 분개의 개념을 이기론理氣論의 인식 논리로만 사용했는데 이황에 이르러서는 이것을 심성론에까지 적용해 사단과 칠정의 미묘한 함수관계를 좀 더 정밀히 해명했다. 이는 분명 인식 논리의 발전이라 할 만하다.

이황: 대개 혼륜하여 말할 경우 칠정이 이·기를 겸했다는 것은 많은 말을 기다리지 않아도 분명하지만, 칠정을 사단과 상대적인 개념으로 설명해

하여 각각 구분하여 말하면 칠정과 기의 관계가 마치 사단과 이의 관계와 같아 그 발하는 데 각각 혈맥이 있고, 그 이름에 모두 가리키는 바가 있기 때문에 그 주된 바에 따라 이·기에 분속할 수 있습니다. 나도 칠정이 이와 관계없이 외물이 우연히 서로 모여 감동하는 것이라고는 생각지 않습니다. 그리고 사단이 외물에 감응하여 움직이는 것은 진실로 칠정과 다르지 않지만, 사단은 이가 발하여 기가 따르고 칠정은 기가 발하여 이가 타는 것입니다.

기대승: "사단은 이가 발하여 기가 따르고 칠정은 기가 발하여 이가 탄다"는 두 구절은 매우 정밀합니다. 그러나 제 생각에는 이렇게 되면 두 가지 뜻이 됩니다. 칠정은 이발·기발을 겸유兼有하고 사단은 이발 한쪽일 뿐입니다. 이 두 구절을 저는 "정이 발함은 혹 이가 움직여 기가 함께하기도 하고, 혹 기가 감응하여 이가 타기도 한다"고 고치고 싶은데, 이와 같이 말을 만드는 것이 또 선생의 생각에 어떠할지 모르겠습니다.

『양선생사칠·이기왕복서』

위 문답에서 이황은 위 사람과 말의 비유에서 보았듯이 자신은 혼륜의 관점에서의 정을 전제하고 분개의 관점에서 사단과 칠정을 나누니 문제가 없다고 했다. 그러나 기대승은 그렇게 되면 '두 가지 뜻'이 된다고 반박했다. 즉 이황의 설에 따르면 사단과 칠정이 가리켜 말하는 바만 다른 것이 아니라 각기 다른 정이 된다는 것이다. 이황의 설에서 기대승이 꺼렸던 곳은 바로 이와 기에 각각 '발發'이라는 글자를 쓴 것이다. 그래서 기대승은 '발한다' '따른다'는 말을 쓰지 않고 '움직인다' '함께한다'는 말을 사용했는데 이는 역시 혼륜의 관점에서 이와 기가 서로 분리될 수 없는 관계임을 표현한 것이다.

위 문답을 놓고 보면 분명 이황의 논리가 다층적이고 훨씬 정교하며, 기대승의 논리는 혼륜 한 층차에 머물러 있어 이황에 비해 단조롭다는 느낌을 받을 수 있다. 기대승의 논리를 보면 분명 혼륜과 분개 중 혼륜 쪽에 매우 치우쳐 있다.

대저 이는 주재이고 기는 재료이니, 이 둘은 진실로 구분이 있으나 사물에 있어서는 진실로 혼륜하여 분개할 수 없습니다. 다만 이는 약하고 기는 강하며 이는 조짐이 없고 기는 자취가 있으므로 그 유행流行하고 발현할 때 과불급過不及의 차이가 없을 수 없으니, 이 때문에 칠정의 발함은 혹은 선하고 혹은 악하여 성性의 본체가 혹 온전하지 못할 경우가 있는 것입니다. 그러나 칠정 중에서 선한 것은 바로 천명天命의 본연本然이요 악한 것은 기품氣稟의 과불급이니, 이른바 사단·칠정이라는 것은 애초에 두 가지 뜻이 있는 것이 아닙니다. 근래 학자들은 맹자가 '선 한쪽 측면善一邊'에 나아가 척출剔出하여 가르쳐 보여준 뜻을 살피지 못하고 으레 사단과 칠정을 구별해서 말하니, 저는 이를 병통으로 여겼습니다.

『양선생사칠·이기왕복서』

사단과 칠정이 혼륜의 관점에서는 동일한 정이고 분개의 관점에는 구별할 수 있다고 본 이황의 논리를 잘 이해하지 못하고, 혼륜의 관점에서 분개를 공격, '사단과 칠정은 관점을 달리해서 말한 것일 뿐 실상 내용은 같은 것'이라고 반박하고 있다.

학자는 모름지기 이가 기에서 벗어나지 않고 기의 과불급이 없어서 자연스레 발현하는 것은 바로 이의 본체임을 알아서 공부한다면 거의 어긋나지 않을 것입니다.

『양선생사칠·이기왕복서』

그리고 기대승이 위처럼 말한 것 역시 이를 기와 분리하여 인식하는 분개의 논리를 명확히 이해하지 못하여 혼륜의 관점에서 이를 기의 운동 법칙에 불과한 것으로 보았다고 비판받을 소지를 안고 있다. 그리하여 기대승은 이황이 호발互發의 논거로 인용한 주희의 설을 이황과 달리 해석한다.

제가 생각건대 주자가 '사단은 이가 발한 것이요 칠정은 기가 발한 것'이라고 한 것은 대설對說이 아니라 인설因說입니다. 대개 대설이라는 것은 좌우라는 말과 같으니 곧 대대對待한 것이고, 인설이란 상하上下라는 말과 같으니 인잉因仍한 것입니다. 성현의 언어는 진실로 대설과 인설의 차이가 있으니, 살피지 않아서는 안 됩니다.

『양선생사칠리기왕복서』

여기서 대대對待란 수평적으로 분리할 수 있는 상대관계이고 인잉因仍이란 다른 층차의 개념이 수직으로 서로 이어지는 관계라고 할 수 있다. 그런데 이황의 논리는 기실 인잉을 전제한 대대다. 이황은 자신의 분개는 혼륜을 전제한 것이지 혼륜을 떠난 것이 아니니, 혼륜의 관점에서는 사단과 칠정이 다 같은 정이고, 분개의 관점에 와서 서로 상대적인 개념으로 말했을 뿐이라고 누누이 밝혔다. 여기서 혼륜의 관점에서의 칠정과 분개의 관점에서의 칠정은 서로 내용이 다른 것이 아니라 하나의 정인데 관점의 차이에 따라 개념이 달라졌을 뿐이니, 이것이 바로 인잉인 것이다.[20]

요컨대 고봉은 혼륜·분개라는 개념을 사용하되 혼륜에 매우 치우쳐 있어 분개의 관점이 그에게는 거의 없었다고 할 수 있다.

한편 이황은 사람과 말의 비유 등 여러 설에서 혼륜과 분개의 관계에 있어 균형을 잃지 않는 논리의 정교함을 보여주었다. 게다가 이·기를 분개해 설명하려 했다는 점에서 이일분수理一分殊에서 분수에 의미를 둔 주희의 취지를 잘 따랐다고 할 수 있으니, 얼핏 봐서는 혼륜보다 분개를 강조한 이황의 논리에서 하자를 발견할 수 없다. 그러나 기대승이 "사단과 칠정은 그 향상의 근원을 미루어 보면 원래 두 가지 뜻이 없다"고 한 데 대해 이황이 "나는 생각건대 같은 곳에 나아가 논하면 두 가지 뜻이 있지 않다는 것이 그럴듯하다. 그러나 만약 이 둘을 상대해놓고 그 향상의 근원을 미루어 보면 실로 이·기의 구분이 있으니, 어찌 다른 뜻이 없다고 할 수 있겠는가"²¹라고 한 것은 혼륜한 중에서 이와 기를 분개하여 이만 가리켜 사단을 인식하고 기만 가리켜 칠정을 인식한다는 뜻으로 말했을 터이나 '향상의 근원'이란 표현에서 사단과 칠정을 각각 다른 정으로 인식케 할 소지를 안고 있다. 또한 앞에서 보았듯이 『중용』의 달도와 성현의 희로애락을 기발로 인식했다는 점에서 분개에 치중하다가 혼륜의 관점이 상대적으로 희미해져 있었다고 할 수 있다.

그러나 기대승은 「사단칠정후설」을 지을 때에 이르러서는 이황의 분개의 관점에 의한 호발설을 이해했고, 이황 또한 자신이 분개의 관점에 지나치게 치우쳐 있었음을 깨달았다.

혼륜과 분개의 융회: 「심통성정중도」

이황이 기대승의 주장을 받아들여 자신의 설을 개정한 곳을 『성학십도』「심통성정중도心統性情中圖」에서 찾을 수 있다. 사칠논변이 끝난 때가 1566년이고, 1568년 퇴계가 68세 때 당시 임금인 선조에게 『성학십도』를 올렸으니, 이 도설에는 이황의 만년 정론定論이 집약되어 있다.

먼저 이황의 「심통성정도」를 보면, 상도上圖에서는 "미발未發의 성性은 마음의 본체가 되고 이발已發의 정情은 마음의 작용이 된다"고 했다. 그리고 중도中圖에서는 마음을 '이와 기를 합한 것合理氣' '성과 정을 통괄한다統性情'고 한 다음 성에 대해서는 "기품氣稟 중에 나아가 본성을 가리켜 말했다"고 하고 허령虛靈·기각知覺과 인의예지를 포함하여 성을 말했으며, 정에 대해서는 "선과 악의 '기미幾'에 나아가 '선 한쪽 측면善一邊'을 가리켰다"고 하고 희로애락애오욕喜怒哀樂愛惡欲의 칠정과 측은惻隱·사양辭讓·수오羞惡·시비是非의 사단四端을 아울러 정을 말했다. 그리고 하도下圖에 가서는 "성은 본래 하나인데 기 속에 있음으로 인해 본연지성과 기질지성 두 가지 이름이 있게 되었다"고 한 다음 사단을 '이가 발하여 기가 이를 따른다理發而氣隨之'고 하고 칠정을 '기가 발하여 이가 이를 탄다氣發而理乘之'고 했다. 여기서 성에 대해 '기품 중에 나아가 본성을 가리켜 말했다'고 하고, 정에 대해 '선과 악의 기미에 나아가 선 한쪽 측면을 가리켰다'고 한 두 구절을 주목해야 한다. 이에 대해 이황이 「심통성정중도설」에서 말했다.

중도中圖는 기품 중에 나아가 본연지성을 지적해낸 것으로 기품을 섞지 않고 말했으니, 자사子思가 말한 천명지성天命之性, 맹자가 말한 성선性善의 성, 정자가 말한 '성이 곧 이다性卽理'의 성, 장자張子가 말한 천지지성天地之性이 이것이다. 그 성을 말한 것이 이와 같기 때문에 발하여 정이 되는 것도 모두 선한 측면만 가리켜 말했으니, 자사가 말한 절도에 맞다는 정, 맹자가 말한 사단의 정, 정자가 말한 "어찌 불선不善으로 명명할 수 있으리요"라고 한 정, 주자가 말한 "성에서 유출하여 원래 선하지 않음이 없다"는 정이 이것이다.

『퇴계집』 권7

第六心統性情圖

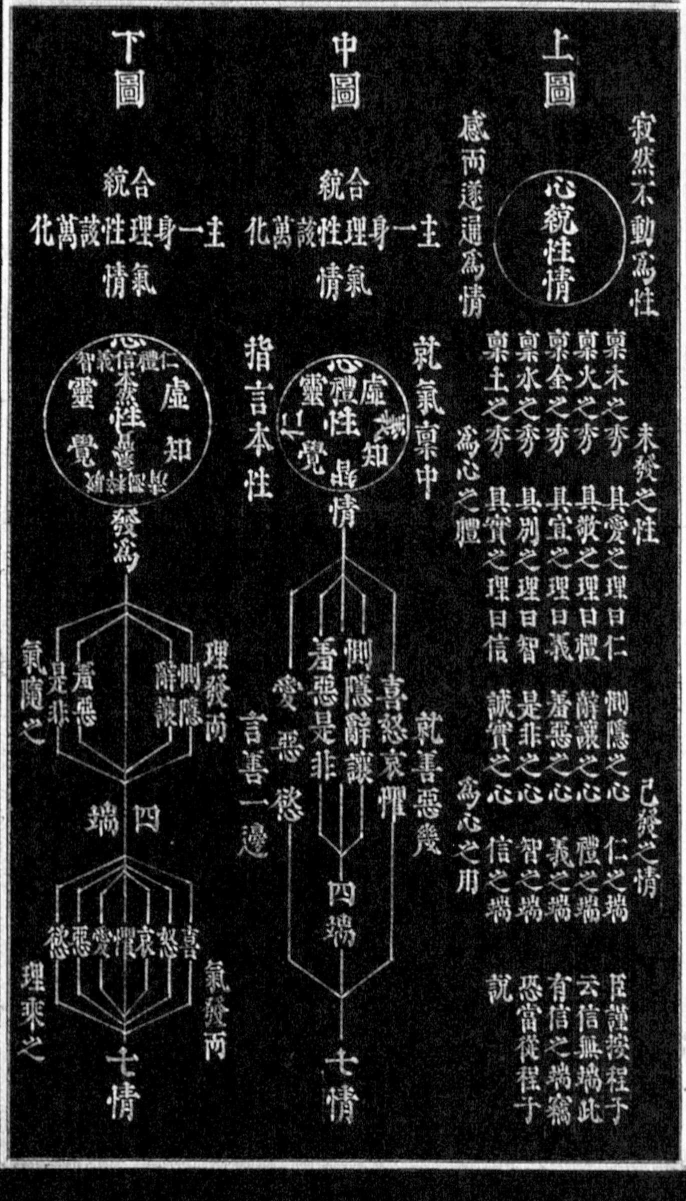

上圖

寂然不動為性

〔心統性情〕

感而遂通為情

未發之性
稟木之秀
稟火之秀
稟金之秀
稟水之秀
稟土之秀
為心之體

其愛之理曰仁
其敬之理曰禮
其宜之理曰義
其別之理曰智
其實之理曰信
誠實之理
為心之用

已發之情
惻隱之心仁之端
辭讓之心禮之端
羞惡之心義之端
是非之心智之端
恐當從程子
信之端

臣謹按程子
云信無端此
有信之端說
恐當從程子說

中圖

合統
主一身理性該萬
氣 性 情化

虛靈知覺
心性情
禮智仁
指言本性

就氣稟中
指言本性

惻隱辭讓
喜怒哀懼
羞惡是非
愛惡欲

四端

言善一邊
就善惡幾

七情

下圖

合統
主一身理性該萬
氣 性 情化

虛靈知覺
心性情
禮智仁信
氣稟物欲

理發而
惻隱辭讓
羞惡是非
四端

氣發而
喜怒哀懼
愛惡欲
七情

理乘之
氣隨之

여기서 『중용』의 달도, 성현의 희로애락을 사단과 같이 이발로 정의한 것을 보면 이황이 기대승의 「후설後說」의 지적에 따라 자신의 설을 개정했음을 알 수 있다.

일본 학자 다카하시 도루高橋亨 이후로 이황과 이이의 이기론을 이기이원理氣二元과 이기일원理氣一元으로 각각 규정하는 견해가 학계에 공인되어 통용되어왔다. 그러나 어떠한 주자학자도 이기이원을 주장한 적이 없다. 주희와 이황뿐 아니라 기호학파 주기론主氣論의 대표적 학자인 한원진韓元震조차 본원계本原界에서는 '이가 먼저이고 기가 뒤理先氣後'임을 인정했고 보면, 주자학에서 있어서 이원론은 현상계를 설명하는 데에는 혹 쓸 수 있을지 몰라도 그 이상 개념의 폭을 넓혀서 쓸 수는 없다. 이미 이학理學이라 했으니, 적어도 주희 자신이 온 우주의 근원은 이 하나, 즉 이일원理一元이라고 생각했지 이와 기 이원으로 보지 않을 것임은 분명하다. 조선의 학자들은 이기이원론 대신 주리론主理論, 이기일원론 대신 주기론主氣論이란 용어를 썼는데, 이는 같은 이학이면서 한쪽이 이를 위주로 하고 다른 한쪽은 기를 위주로 했다는 뜻일 뿐 기를 이와 대등한 개념으로 인정한 것은 결코 아니다. 특히 심성론에서는, 주리론 쪽은 마음에서 이의 주재성主宰性을 중시하고 주기론 쪽은 마음에서 기의 역할을 중시하는 것이다.

이황의 설을 굳이 정의한다면 일원적이원론一元的二元論이라 할 수

「심통성정도心統性情圖」, 『성학십도』, 이황, 조선시대, 국립중앙박물관.

있지 않을까.

이제 그 사상사적 의의를 돌아보니

사단·칠정을 이·기에 각각 분속한 것은 중국에서는 주희의 "사단은 이가 발한 것이요 칠정은 기가 발한 것이다四端 理之發 七情 氣之發"와 그의 제자인 황간黃榦이 "사물에 감응하여 움직일 때 혹 기가 움직여 이가 이를 따르고 혹 이가 움직여 기가 이와 함께한다感物而動 則或氣動而理隨之 或理動而氣挾之"고 한 두 가지 설밖에 없었다. 기대승이 지적했듯이 주자학에서 성·정의 일반적인 개념에 어긋나는 듯 보이는 이러한 설을 이황은 이기론에서만 사용되었던 혼륜·분개의 논리를 적용해 해명했다. 이황과 기대승의 논변을 통해, 혼륜과 분개는 '하나이면서 둘이요 둘이면서 하나一而二 二而一'인 이와 기, 사단과 칠정의 관계를 원만히 융회할 수 있게 되어, 인잉과 대대의 관계를 모두 포함하는 사단·칠정의 개념을 더욱 분명히 정의할 수 있었다. 이처럼 중국에서는 이기론에만 사용하던 논리를 심성론에 적용, 성정의 개념 및 정의 전체성과 변별성을 정밀히 분석해낸 것은 한국 성리학이 이뤄낸 큰 학문적 성과다.

이황의 분개에 의한 학설은 '이발理發' '이기호발理氣互發' '심합리기心合理氣'를 근간으로 삼는 영남학파의 학설을 이루고, 기대승의 혼륜에 의한 학설은 뒷날 이이에 의해 '이무위理無爲' '기자이機自爾' '심즉기心卽

氣'를 핵심으로 삼는 기호학파 학설로 발전한다. 기호학파에서는 혼륜과 분개라는 용어를 별로 사용하지 않았고, 영남학파에서는 이황 이후로 이 두 논리를 이기설에서 인식론의 기본 축으로 적극 활용했다. 그러나 갈암葛庵 이현일李玄逸이「율곡이씨론사칠서변栗谷李氏論四十書辨」에서 분개 간의 관점에 서서 이이의 이기설이 혼륜에 치우쳤다는 점을 비판한 뒤부터 영남학파는 절로 분개에 주안점을 둘 수밖에 없었고, 이를 논박해야 하는 기호학파는 주로 혼륜 쪽에 설 수밖에 없었다. 이후로 조선의 성리학은, 영남·기호 양 학파의 논거 중 어느 것이 주희의 정설인가 하는 소위 주자정론朱子定論 규명의 문제를 제외하면, 혼륜과 분개 논리의 싸움으로 전개되었다고 할 수 있다.

그러나 혼륜과 분개의 논리 싸움은 기실 상대방의 주장을 아주 부정하는 것이 아니라 상대방의 논리의 치우침을 경계하는 것이었으니, 이황과 기대승의 논변에서 보듯이 상생의 논리를 만들어갈 수 있었다. 기대승은 이황이 분개에 치우쳐 이·기를 지나치게 부석剖析할까봐 우려했고, 이황은 기대승이 혼륜에 치우쳐 이·기의 구분을 모호하게 만들까봐 우려했다.

이에 대해 기대승은 한 필의 말에 짐을 싣고 두 사람이 양쪽에서 말을 몰고 가는 것으로 두 사람의 논변을 비유했다. 즉 길을 가다보면 말 등에 실은 짐이 한쪽으로 기울지 않을 수 없는데 짐이 기우는 쪽 사람이 상대편 쪽으로 짐을 들어 넘기면 상대편도 그렇게 하여, 서로 상대편 쪽으로 짐을 넘기기를 반복하므로 짐이 평정해질 수 없게 된다고 했다.²² 기대승의 이 비유를 두고 이황은 시를 읊었다.

> 두 사람이 짐을 싣고 경중을 다투는데　　兩人馱物重輕爭
> 헤아려보니 높낮이가 이미 평정하거늘　　商度低昂亦已平
> 다시 을 쪽의 짐을 갑 쪽에 다 넘기니　　更剋乙邊歸盡甲
> 어느 때에 짐 형세가 균평하게 될거나　　幾時馱勢得勻停
>
> 『양선생사칠·이기왕복서』

동양학에서는 체體와 용用, 일一과 다多, 전체성과 변별성, 어느 쪽을 중시하느냐에 따라 학문의 성격이 결정된다. 크게는 불교의 선종과 교종, 유학의 주자학과 육왕학陸王學 내지 이학理學과 심학心學의 논쟁이 각각 이러한 개념의 어느 한쪽에 서면서 벌어진다.

이 담론에서 이황은 다多, 기대승은 일一 쪽에 서 있다고 볼 수 있지만, 양자는 모두 상대방의 선 자리를 긍정하는 위에서 자기주장을 펴고 있다. 이황은 일만 주장하면 사물의 변별성을 드러낼 수 없어 이의 개념을 밝히는 이학의 참된 의미가 없어진다고 우려하고, 기대승은 그렇다고 하여 다만 강조하면 일을 본체로 삼은 다를 각개各個로 만들어 실상을 보지 못한다고 반박한다. 이처럼 양자가 서로의 치우침을 경계하는 과정을 통해 각자의 착오를 깨닫고 마침내 중정中正한 결론에 이르렀다. 그리하여 이황이 기대승의 지적을 수용하여 만든 「심통성정중도」에 이르면, 일과 다가 균형을 이루어 어느 한쪽에 치우치지 않고 서로를 융회할 수 있게 된다. 여기서 다는 일을 전제한 다이므로 개체만 보고 전체를 망각하는 우를 범하지 않게 되며, 일은 다를 전제한 일이므로 사물의 다양한 곡절을 몰각沒却한 채 관념에 떨어지지 않을 수 있게 된다.

주희는 자기 시대의 학문 성향을 비판하여 '합하는 것만 좋아하여 분리하는 것을 싫어한다喜合而惡離'고 했다. 혼륜만 알고 분개를 모르는 폐단을 지적한 것이다. 당시는 불교의 선학禪學이 유행하던 때라 모든 것을 일심一心 속에 수렴하여 보는 경향이 짙었기 때문에 이렇게 비판한 것이다. 이황의 시대에는 불교의 여파가 아직 있고 화담 서경덕 같은 학자는 기일원론을 주장, 주자학의 이론과 배치되었기 때문에 이황은 이를 기와 구분해 그 개념을 규명하는 것이 자기 시대 학문의 시의時宜라고 여겼다. 그래서 힘써 분개의 이론을 주장했다. 이황이 분개 쪽을 지나치게 중시했기 때문에 기대승은 이를 경계하여 혼륜을 중시했다고 볼 수 있다. 그러나 그러한 과정에서, 길을 가다보면 짐이 한쪽으로 쏠리지 않을 수 없다고 한 기대승의 비유처럼 각각 한쪽에 치중해 학자로서 시각의 균형을 잃지 않기 어려웠다.

조선 성리학은 당쟁의 와중에서 지나치게 감정이 격화되어 이기심성론에서도 상대방을 공격하기 위한 논거를 찾는 데 급급했다는 점에서는 당연히 비판을 받아야 한다. 그러나 이러한 부정적인 측면이 기대승과 이황의 비유처럼 서로 치우치는 면을 경계한다는 측면에서는 긍정적으로 작용해 주자학의 이기심성론을 정교하게 다듬어갈 수 있었다. 그리하여 조선 후기의 성리학에 이르러서는 가장 정교한 인식 논리의 틀 위에서 모순으로 보일 수 있는 성리학의 복잡다단한 학설들을 회통會通, 매우 발전된 이기심성론을 구축할 수 있었다.

이기심성론에서뿐만 아니라 기실 세계의 실상과 현상도 혼륜과 분개 두 관점을 겸하지 않고는 온전히 인식할 수 없으며, 우리 마음의 본체와 작용 자체도 늘 혼륜하고 분개한다. 현상계의 사물은 하나가 여러 개념을 포함하기도 하고 여럿이 하나의 의미로 수렴되기도 한다. 따라서 복잡하게 착종하는 사물을 보면서 혼륜과 분개 두 관점의 균형을 잃지 않고 시의에 따라 두 관점을 원활히 전환할 수 있어야 사물의 본질을 잊지도 않고 다양한 현상의 의미를 놓치지도 않을 수 있다.

뿐만 아니라 기실 우리 마음 자체가 이미 끊임없이 분개-혼륜, 혼륜-분개의 과정을 통해 사물을 인식함으로써 존재하고 변천한다. 사물과 사물의 관계, 관념 속의 사물들, 혹은 마음과 사물의 관계 속에서 마음의 의식은 혼륜하고 분개한다. 혼륜하여 보는 전체성을 떠나서 분개하여 파악할 개체성이 따로 있을 수 없다. 예컨대 한 폭의 풍경을 볼 때 우리는 풍경 전체를 먼저 인식한 다음 풍경 속의 나무, 집, 사람 등을 각각 떼어내 파악하는 것이니, 전체는 보지 않고 부분만 알거나 부분은 알지 않고 전체만 보지는 않는다.

또한 마음은 사물과 하나가 되기도 하고 둘이 되기도 하니, 혼륜과 분개의 관점에 따르면 본래 둘이 아니기 때문에 내가 사물을 내 의식 속에서 인식할 수 있고 본래 하나가 아니기 때문에 사물을 타자로 설정해 인식할 수 있다고도 할 수 있다. 마음은 사물을 지각하는 순간 자기의식 속에 그 사물을 담아서 혼륜하고, 그 혼륜한 바탕 위에서 분개하여 다시 나와 사물의 관계를 나누어 인식한다. 만약 먼저 혼륜하지 않는다면 사물은 밖에서 사물로만 따로 존재하여 나와는 무관할 것이며, 분개하지 않으면 나와 구별할 수 있는 타자로서의 사물을 인식할 수 없을 것이다.

사회에 대한 우리 의식도 줄곧 전체만을 주장해서는 안 되며, 또한 개체를 떼어내 따로 인식하고 전체를 망각해서도 안 될 것이다. 전체성과 개체성, 이 양자를 보는 시각의 균형을 잃지 않고 시의적절하게 혼륜과 분개를 원활히 전환하지 못한다면, 현실을 명징하게 보지 못하고 관념에 떨어져, 흐르지 않는 물처럼 의식이 정체되고 말 것이다. 먼저 자기가 속한 사회의 공동의 정체성을 명확히 인식해야 개체의 다양한 지향이 소모적인 대립과 충돌을 벗어나 발전적인 쪽으로 갈 수 있을 것이다.

우리 사회는 다름의 싸움이 유달리 잦았던 역사를 거쳐온 터라 다름을 인식하는 데 아주 익숙해져 있다. 지금도 보수·진보의 이념 싸움, 지역감정, 노사분규 등 극한 대립과 분열로 나라 안이 늘 시끄럽다. 작금 우리 사회는 당장 사생을 걸고 결전이라도 치를 모양새다.

개체의 다름이 인정되지 않고 전체의 같음만 주장하는 사회는 민주주의 사회가 아니며, 또한 개체끼리의 비교와 경쟁은 외려 개인과 사회를 발전시킬 수 있는 원동력이 된다. 그렇지만 오랜 악연과 습성에서 생겨난 대립과 분열이라면, 그것은 무턱대고 상대방을 거부하고 반대하는 맹목적인 독선과 아집일 뿐이다. 자기가 어느 한쪽에서 섬으로써 생겨난 착시는 선 자리를 옮기면 고쳐지겠지만 오늘날 우리 사회에서 벌어지는 갈등과 분열은 의식이 굳어져 다른 것은 일절 보고 듣기를 거부하는 일종의 병리현상이다. 일부는 아예 고황膏肓에 든 고질이다.

이황과 기대승의 논변에서 보듯 같음을 알 때는 같음을 알고 다름을 볼 때는 다름을 봐야겠지만 같음과 다름, 어느 한쪽에 치우치면 시각의 균형을 잃어 진실을 바로 보지 못한다. 따라서 먼저 자기가 속한 사회의 공통의 정체성과 이익을 명확히 인식한 바탕 위에서 자기가 선 지점이 어디인지 분명히 파악해야 할 것이다. 그래야 개체의 다양한 지향이 소모적인 대립과 충돌을 벗어나 발전적인 쪽으로 갈 수 있다.

지금 우리는 개체의 다름은 전체의 같음을 바탕한 다름이고 전체의 같음은 개체의 다름이 모인 같음임을 망각한 채 한쪽에만 서서 한쪽만 보고 한쪽 사람들의 말만 듣고 끝없이 같은 주장만 되뇌고 있지는 않은가. 자기도 모를 말로 확대재생산하고 있지는 않은가. 우리는 나 자신을 망각한 채 관념에 빠진 채 세상을 바로 보지 못하지는 않은가. 지루한 소모적인 싸움판을 만드는 데 일조하고 있지는 않은가.

주

1 형의 죽음은 1550년(이황의 나이 50세)의 일이지만, 1544년에 대사헌 재직 시에 이기李芑의 원한을 산 일이 있었고, 그 일로 말미암아 1950년에 죽게 된 것이다. 따라서 이황은 이러한 일련의 과정을 목도하면서 50세에 결심을 굳혔을 것이라 짐작된다.
2 이에 대한 논문으로는 이해준의 「기묘사화와 16세기 전반의 호남학파」『전통과 현실』 2, 고봉학술원, 1991; 조원래의 「사화기 호남사림의 학맥과 김굉필의 도학사상」『동양학』, 단국대학교 동양학연구소, 1995; 고영진의 「16세기 호남사림의 활동과 학문」『남명학연구』 3, 남명학연구소, 1993 등이 있다.
3 고영진, 위의 논문 참조.
4 『동각잡기東閣雜記』는 선조 때 이정형李廷馨(1549~1607)이 고려 말부터 조선 선조 때까지의 사실史實을 뽑아 엮은 책으로, 본조선원보록本朝璿源寶錄 또는 선원보록이라고도 한다. 상권은 조선의 건국 배경부터 중종 때의 기묘사화己卯士禍까지, 하권은 중종 말년부터 선조 때의 임진왜란까지를 다루고 있다. 『선조실록』 편찬 시 사초로 쓰이기도 했으며, 『대동야승大東野乘』 권53, 54에도 수록되어 있는데 중립적이고 객관적인 기술로 『대동야승』 중 가장 가치 있는 부분이라고 평가받는다.
5 이 기록은 『금호유고錦湖遺稿』 부록과 나세찬의 『송재유고松齋遺稿』 부록에 「호당수계록湖堂修稧錄」이라는 제목으로 실려 있는데, 기록자는 성세창成世昌, 해당 년은 가정 계묘년(1543, 중종 38)으로 나온다. 지산과 담재는 젊은 시절 이황과 김인후가 썼던 호다.
6 『퇴계선생문집고증退溪先生文集攷證』에서는 「오산록」이 「관서록關西錄」을 말한 것으로 보인다고 했다. 「관서록」은 「관서행록關西行錄」으로 임형수가 이기李芑의 종사관으로 관서에 나아갔을 때 기록한 것인데, 이기의 종사관이 되었던 사실을 꺼렸던 것인지 『금호유고』에는 여기에 실렸던 시가 한 수도 보이지 않는다. 『퇴계집』에는 '임사수의 관서행록 뒤에 쓰다'라는 제목의 시가 있다.
7 『월정만필月汀漫筆』은 월정 윤근수尹根壽(1537~1616)가 지은 것으로, 자신이 보고 들은 명사들의 시문과 언행 등을 기록한 책이다.
8 『연려실기술練藜室記述』은 연려실 이긍익李肯翊(1736~1806)이 지은 것으로, 400여 가지에 달하는 야사에서 자료를 수집·분류하고 원문을 그대로 기록했다. 원집原集 33권, 속집續集 7권, 별집

別集 19권 등 3편으로 되어 있으며, 각 왕대의 주요한 사건을 사의私意를 가하지 않고 인용한 책 이름을 밝혀서 적고, 각 왕대 기사 끝에는 그 왕대의 상신相臣·문신文臣·명신名臣의 전기傳記를 덧붙이는 형식을 취했다.

9 누정제영樓亭諸詠은 누정이나 누정이 포괄하는 경관, 누정 주인 등을 소재로 지은 시를 말한다.

10 『기재잡기寄齋雜記』는 기재 박동량朴東亮(1569~1635)이 지은 야사로, 조선 초기부터 명종明宗 때까지의 이야기인데, 정사에 빠진 저명한 인물들의 뒷이야기들에 작자의 의견을 곁들여 흥미 있게 소개하고 있다. 특히 중종반정에 얽힌 이야기들이 자세히 적혀 있어서 주목할 만하다. 전3권이며 사본이다.

11 『도산급문제현록陶山及門諸賢錄』은 이황에게 급문 수학한 제자들에 관련된 사실을 기록한 문인록이다. 처음 권두경權斗經이 『퇴계언행록』을 정리하면서 급문제자에 대한 자료를 바탕으로 100여 명에 달하는 문인록을 작성했으나 간행되지 못하다가, 이황의 6대손 이수연李守淵이 이를 다시 정리하고 60여 명의 인사를 추가하여 『도산급문제현록』이라 이름 붙였다. 이수항李守恒이 다시 10여 명을 추가하고 문인들의 만사輓詞, 제문祭文 등을 덧붙였으며, 이후 이황의 9대손 이야순李野淳이 다시 수십 명을 추가함으로써 260여 명의 문인록이 완성되었다. 이를 사가본四家本이라고 하는데 1914년 도산서원에서 초간본갑인본이 간행될 때 기본 자료가 되었으며, 갑인본 간행 시에도 40여 명을 더 추가해 현존하는 『도산급문제현록』에는 300여 명의 문인이 수록되어 있다.

12 『팔진도八陣圖』는 종군從軍을 가운데에 두고 여덟 가지 모양으로 진을 배치한 진법의 그림으로 보통 천天·지地·풍風·운雲·용龍·호虎·조鳥·사蛇의 여덟 가지로 나타내는데, 제갈공명은 동당洞當·중황中黃·용등龍騰·조비鳥飛·연횡連衡·악기握奇·호익虎翼·절충折衝이라 했다.

13 『주자서절요朱子書節要』는 이황이 『주자전서』의 서간문 중에서 중요한 내용을 추려 편찬한 책으로, 공경대부의 서간을 우선하여 편차하고, 지인과 문인들의 문답을 다음으로 배열했다. 초간본은 1561년(명종 16)에 간행했고, 이어서 1572년(선조 5), 1611년(광해군 3)에 속간했다.

14 이 말은 『논어』 「위영공」에 나온다. 자장子張이 공자에게 세상에 영달할 수 있는 방법에 대해 묻자, 공자는 "말이 충신하고 행실이 독경하면 비록 오랑캐의 나라라 하더라도 행해질 수 있거니와 말이 충신하지 못하고 행실이 독경하지 못하면 주리라 하더라도 행해질 수 있겠는가. 일어서면 그것이 앞에 참여함을 볼 수 있고 수레에 있으면 그것이 멍에에 기댐을 볼 수 있어야 하니, 이와 같은 뒤에야 행해질 수 있는 것이다言忠信 行篤敬 雖蠻貊之邦 行矣 言不忠信 行不篤敬 雖州里 行乎哉 立則見其參於前也 在輿則見其倚於衡也 夫然後行"라고 답했다. '그것'이란 충신과 독경을 가리키는 것으로, 생각이 항상 충신과 독경에 있기 때문에 어떤 상황에 있어도 언행이 거기서 벗어나지 않음을 말한 것이다.

15 「兩先生四七理氣往復書」, 퇴계학문헌전집계명한문학연구회, 1991, 8책 466쪽, "大抵義理之學, 精微之致, 必須大著心胸, 高著眼目,切勿先以一說爲主, 虛心平氣, 徐觀其義趣, 就同中而知其有異, 就異中而見其有同, 分而爲二而不害其未嘗離, 合而爲一而實歸於不相雜, 乃爲周悉而無偏也."

16 앞의 책, 422~432쪽, "所謂四端是理之發者, 專指理言, 所謂七情是氣之發者, 以理與氣雜而言之者也. 而是理之發云者, 固不可易, 是氣之發云者 非專指氣也, 此所謂不能無曲折者也. 大抵來辯與鄙意, 所同者雖多, 而所異者亦不少, 況所異之處, 正是大節目. 於此其不能同, 則其他說之同異

得失, 亦不須論."

17 「사단칠정총론」에서 위에서 인용한 「사단칠정후설」 부분을 정리한 것은 다음과 같다. 앞의 책 561-562쪽, "朱子又曰 四端是理之發, 七情是氣之發. 夫四端發於理而無不善, 謂之理之發者, 固無可疑矣. 七情兼理氣有善惡, 則其所發雖不專是氣, 而亦不無氣質之雜, 故謂之氣之發. 此正如氣質之性之說也. 蓋性雖本善, 而墮於氣質, 則不無偏勝, 故謂之氣質之性. 七情雖兼理氣, 而理弱氣強, 管攝他不得, 而易流於惡, 故謂之氣之發也. 然其發而中節者, 乃發於理而無不善, 則與四端初不異也. 但四端只是理之發, 孟子之意, 正欲使人擴而充之, 則學者可不體認而擴允之乎? 七情兼有理氣之發, 而理之所發, 或不能以宰乎氣, 氣之所流, 亦反有以蔽乎理, 則學者於七情之發, 可不省察以克治之乎? 此又四端七情之名義, 各有所以然者, 學者苟能由是以求之, 則亦可以思過半矣."

18 「퇴계집」 30권 「答金而精」, "四七理氣之辯, 尙不能無疑, 何耶, 明彥舊亦疑其說之誤, 力加排擯, 近在湖南寄書來, 自言子細參究. 始知其非誤, 因著摠說後說二篇來, 其言粹然一出於正, 乃知人眼目旣高, 不以先入爲主而能超然獨得於昭曠之原如此. 又其間指說出溷辨語有病處亦中理, 皆可尙也."

19 분별分別은 분개分開와 같은 말로 하나의 사물에서 두 가지 이상의 속성을 나누어 본다는 뜻이다. 혼륜渾淪은 「열자」 「천서天瑞」편에 "太初 氣之始也 太始 形之始也 太素 質之始也 氣形質具而未相離 故曰渾淪 渾淪者 言萬物相渾淪而未嘗離也"라고 한 데서 온 말로 둘 이상이 사물이 혼합하여 하나가 되어 분리되지 않은 상태를 말한다.

20 지금까지 학계가 주장한 양자의 차이를 정리하면 다음과 같다.
퇴계의 이론: 互發, 不相離 강조, 二元論的, 對擧·水平的, 橫看, 실천 지향적, 分開看.
고봉의 이론: 相循, 不相雜 강조, 一元論的, 因仍·垂直的, 竪看, 논리 지향적, 渾淪看.

21 「兩先生四七理氣往復書」, 퇴계학문헌전집계명한문학연구회, 1991, 8책 488쪽, "辯誨曰 推其向上根源, 元非有兩箇意思. 滉謂就同處論, 則非有兩箇者似矣. 若二者對擧, 而推其向上根源, 則實有理氣之分, 安得謂非有異義耶?"

22 「兩先生四七理氣往復書」, 퇴계학문헌전집계명한문학연구회, 1991, 8책 514-515쪽, "蓋大升前日之所論, 憂盛辯之似涉分開而剖析或過於偏重, 先生今日之所論, 慮鄙說之反歸鶻突而提誨又至於太拘. 此等言論似皆欲申所見而反累正氣者, 亦不可不察也. (…) 又請以一事譬之. 有如兩人驅一馬而有所載, 其所載之物, 不能無偏重, 行路搖搖, 左低右昻, 東邊一人慮其逾倒, 撐而起之, 則翻了西邊, 西邊一人慍其致超, 乃復極力撐起, 則又倒于東邊. 如此不已, 終無得平之勢, 將至於傾側而顚仆矣. 不如兩人協心齊力, 一時撐起, 或所載有偏重者, 亦隨宜推移, 則庶無低昻傾側之患而可以終蹈絶險遠到而同歸矣. 今段所爭, 頗亦類此. 伏乞以此意思看如何, 幸甚幸甚."

참고문헌

『兩先生四七理氣往復書』, 퇴계학문헌전집, 계명한문학연구회, 1991.
『退溪集』, 학민문화사, 2001.
『朱子語類』, 中華書局 理學叢書, 中華書局, 1986.
『朱子大全』, 학민문화사, 2004.

유명종, 『朝鮮後期性理學史』, 이문출판사, 1985.
현상윤, 『朝鮮儒學史』, 현음사, 1982.

이동희, 「율곡 성리학과 고봉 성리학 비교」, 동양철학연구회, 『동양철학연구』, 2005.
이상은, 「四七論辯과 對說·因說의 의의: 退高論爭의 초점을 찾아서」, 고려대 아세아문제연구소, 『아세아연구』, 1973.
윤사순, 「高峯心性說의 理氣論的 특색: 그의 四七論의 특색에 관한 재평가」, 고려대 아세아문제연구소, 『아세아연구』, 1973.
이상하, 「한주 이진상 성리설의 입론 근거 연구」, 고려대 박사논문, 2003.

퇴계 생각
ⓒ 한국국학진흥원 2013

초판인쇄	2013년 9월 25일
초판발행	2013년 9월 30일

지은이	이상하
기획	한국국학진흥원
펴낸이	강성민
편집	이은혜 박민수 이두루
마케팅	최현수
온라인마케팅	김희숙 김상만 이원주 한수진

펴낸곳 (주)글항아리 | 출판등록 2009년 1월 19일 제406-2009-000002호

주소	413-120 경기도 파주시 회동길 210
전자우편	bookpot@hanmail.net
전화번호	031-955-8891(마케팅) 031-955-2670(편집부)
팩스	031-955-2557

ISBN   978-89-6735-075-8 03900

이 책의 판권은 한국국학진흥원과 글항아리에 있습니다.
이 책 내용의 전부 또는 일부를 재사용하려면 반드시 양측의 서면 동의를 받아야 합니다.

글항아리는 (주)문학동네의 계열사입니다.

이 도서의 국립중앙도서관 출판시도서목록(CIP)은 서지정보유통지원시스템 홈페이지 (http://seoji.nl.go.kr)와 국가자료공동목록시스템(http://www.nl.go.kr/kolisnet)에서 이용하실 수 있습니다.(CIP제어번호: CIP2013018275)